Manhattan

マンハッタン・ミラクル！

人生に
奇跡を起こす
ニューヨークの秘密

香咲弥須子
Yasuko Kasaki

Miracle!

フォレスト出版

Introduction

Manhattan Miracle!

はじめに

希望の町からこんにちは

「三つのニューヨークがある」と書いたのは、いくつも傑作児童文学を残したニューヨークの作家、E.B. ホワイトです。

　ニューヨークは三種類の人でできているというのです。

　一つ目はニューヨークで生まれ育った人。

　二つ目はニューヨークの外に住んでニューヨークにお金を稼ぎに通勤している人。

　三つ目はニューヨークに夢を抱いて移り住んで来た人。

　そしてニューヨークのエネルギーは、三つ目の人たちによって生み出されている。

たぶん、ニューヨークに限ったことではないのでしょう。世界中のどこでも、どの職場でも、どの業界でも、さらにはどの家族でも、それまでの習慣や常識を超えて、夢を抱いて行動する人がそのグループに新しい息吹を招き入れ、動かしていくものでしょう。

今までの場所に希望がもたらされる時にこそ、そこに新しい時代、人生の次のステージ、再生、といったものが訪れるのではないでしょうか。

それまでに出来上がっているパターンに染まっていきそうになると、「だってそういうものじゃない?」というような言葉が出てきます。「今までだってそうだったでしょう?」「人生とはそういうもの。仕方がない」などと続くかもしれません。

その時に、

「でも、できるのじゃない?」

「変えられるのでは?」

と考える人がいると、確固として不動なものと思い込んでいたものが新しいものに移り変わっていくのを、皆で目撃することができるようです。

または、自分はこうしたい!という強い思いや、とに

かく人生を変えたい！と腹の底からのエネルギーを動か
して移ってくる人がいると、周りが巻き込まれて一緒に
変わっていくようです。

　ニューヨークは、そのような人が世界で一番大勢集
まっているところかもしれません。

　希望が結集しているのです。

　毎日、街のどこかで、数々の希望が出会い、融合し、分
離し、細胞分裂を繰り返しながらさらに大きな希望が生
まれているような。

　ニューヨークはエネルギーの音がする、とよく言われ
ますが、それは希望が成長していくエキサイティングな
プロセスの音なのではないかと思うことがあります。

　わたしはニューヨークで、希望は、壊れながら進化し
ていくものだということを知りました。

　1988 年から暮らしているこの地で、希望とは、もっと
大きな希望を持つためにあるものだと教わりました。

　E.B. ホワイトが書いたニューヨークは、1949 年の

ニューヨーク市のことです。 もしかしたら、マンハッタン島に限ってのことだったかもしれません。

でも今、ニューヨークは広がっています。 ニューヨークの郊外やお隣の州と市内を行き来している大勢の人たちが、希望に満ちたニューヨーク・マインドを持っています。

その広がりは、とどまるところを知らないようです。希望は世界中を駆け巡っているように感じます。 日本もまた、そのリーダー・シップを担う仲間に入っているのを否定する人はいないでしょう。

その発祥地、唯一の発祥地とまでは言わないまでも、確実に発祥の地の一つであるニューヨークから、ニューヨーク・マインドが弾ける音をお届けできたら。

わたしたちが今、どこに向かって羽ばたこうとしているのか、ご一緒にビジョンを見られたら幸いです。

香咲弥須子

Manhattan Miracle!

Contents

はじめに　希望の街からこんにちは		001
01.	「ピタリとハマる」	008
02.	「わたしはあなたです」	015
03.	ラファイエット440	022
04.	The first year	032
05.	ニューヨーク修業	044

Contents

06. 真のオリジナリティ　054

07. かけがえのない批評家を持つ　059

08. 日本語じゃ恋はできない？①　066

09. 日本語じゃ恋はできない？②　075

10. 「わたしはアダム・ランザの母です」　081

11. デディケイト　091

12. ミラクル・ボーイ　097

13. ミラクル・ガール　106

14. 成功ばかりがある　112

Contents

15.	アンとリラ	118
16.	パトカーに囲まれて	124
17.	非日常の出来事と日常の経験	133
18.	On behalf of 〜 「〜に代わって申し上げます」	140
19.	本当の自分史	152
20.	隣人たち	165
21.	AMARAという祈り	176
	おわりに	195

01.「ピタリとハマる」

　ニューヨークに住み始めてすぐ、ニューヨークでは、誰もがしょっちゅうあちこちで自己紹介を繰り返しているということに気づきました。

　パーティに明け暮れているわけではありません。路上で、公園のベンチで、店先で、郵便局の列に並びながら、地下鉄で立ったまま……見知らぬ同士が何かのきっかけで話し始めるということが頻繁にあります。

　名前を教え合うわけではなくても、ほんのいっときの会話に、自分のライフスタイルや背景が透けて見えるようなものが混じります。

「なぜわたしがこの地下鉄のラインを一番よく利用するかというと、通勤のためではなくて、美術館によく行くからなのよ」

「籠（かご）の中の２ダースの生クリーム？今晩ホイップしてお

菓子を作るの。毎週ボランティアしているホームレスのシェルターに持っていくため。お誕生日のおばあちゃんがいて、わたしの祖母と同い年になる人なの」

　こんな一言を発すれば、その人に向けて自分の心の窓を少し開けた感じがするし、その一言を耳にするなら、その人の心模様が垣間見える気がします。

　わたしは東京生まれ、東京育ちですが、そこにも、路上の人懐っこさはありました。海外のあちこちでも街中の会話を経験していましたが、ニューヨーカーのオープンさには、他の場所とは比べられないニューヨーク流アプローチがあるように感じています。

　ねえそこのあなた、夕陽が素敵よ、眺めてごらんなさいな、などと話しかけられることはありません。

　信号待ちの交差点で、

「あのクレーン、危なっかしいな。今はもっと新型の安全なのがあるのに。去年死んだ親父がクレーンを扱っていたからよくわかる。別の道を通ったほうがいいよ」

　などと聞こえてくるのがニューヨークです。

　たとえばマンハッタン島は東京都世田谷区より面積が小さく、そこに世界各国の人たちがひしめき合っていま

す。見かけも考え方も文化の背景も違う人間が狭い場所で折り重なるようにして生きています。だから路上で見知らぬ人に発する言葉も、何というか、重層的なのです。

たまたま隣に立っているわたしに、独り言ともつかないつぶやきを投げかける人は、

クレーンのことならよく知っている。

父親はクレーンを扱う仕事に従事していた。

父親が去年死んだ。

という人生告白をしていて、しかも、見知らぬこちらの安全を慮（おもんぱか）ってくれる優しい面を見せてくれています。

ニューヨーカーは、まず一緒に夕陽を眺めて、感想を言い合って、それから……という具合にはならないのです。せっかちなのです。

Eメールが普及し始めた時、世界中で一番熱狂して飛びついたのはニューヨーカーだったと聞いたことがあります。メールに、時候の挨拶（あいさつ）など一切しないのもニューヨーク流です。悠長なことは願い下げなのです。

今すぐすべてを、核心を伝えたい、理解して欲しい、グズグズしないで欲しい、という感覚が行き渡っている

ように思えます。

　最初から鍛えられました。えーと、わたしはあんまり英語が得意でないので……などと言っている場合ではありませんでした。セントラルパークの岩の上で日光浴をしながらルイス・ブニュエルを読んでいる女学生は、「……そのくらいの英語が喋れるわけでしょう？」という顔でわたしの答えを待っています。

　どんな答えを？「あなたがブニュエルの映画が好きなわけは？」という彼女の問いに対する返答を。

　日本語でさえ、１日時間をください、と言い逃れたくなるような内容を、今ここで言いなさい！と要求されているわけです。乏しい手持ちの英単語の中で、あなたの思いを表現してみなさい、と。

　たぶん、しおり代わりに本にはさんであった何かのパンフレットが岩からすべり落ち、それをたまたま通りかかったわたしが拾って、岩の上に届けたというだけの"間柄"で、こんなレッスンをしてもらっているのです。

　あれから30年たった最近、近所の床屋のおじさんに「空の色で一番好きなのは？」と聞かれました。彼が店先に出て飛行機雲を見上げているところを通りかかり、

011

こんにちは、と声をかけた時のことです。

わたしはすかさず"Azure"と答えました。というより、考えるより前にそのように口にしていたのです。"Azure"とは、夏の空の色に近い色のことだと思いますが、それはどうでもいいことで、それよりも、わたしは、"Azure"と発音することを楽しんでいたのです。その音を発したかった、その音が好きだった、というだけです。

小さなことですが、嬉しい発見でした。そうか、わたしは"Azure"が好きなのか、という発見ではなく、数日前のあの瞬間、九丁目の歩道で、床屋のトニーさんと並んで、そう口にしたかった自分がいて、そうしたかった通りに口にした、ということが、これ以上はありえない正しさで、ぴったりハマっていて、自分がいるべきところにいてなすべきことをしている、という感覚に包まれたのです。

ハマっている感覚。

それは、多種多様な姿で心に生まれる感覚のうちでも、最高のものに違いないと思っています。

ハマったからと言って、何なの？……何でもありません。ただ単純に、それ自体が満ち足りた幸福感なのです。

とはいえ、そのような瞬間には、おまけがつくことが多いのです。

　その時も、おまけは来ました。トニーが店の中に引っ込んで、「ホラッ」と持ってきてみせたのは、角のピンとしたポストカードの、紺碧の湖の写真でした。"Azure"と飾り文字がついています。ポーランドに住む母親からの便りだと言います。わたしには読めない言語ですが、「こんなしっかりした字を書けるなんて若い」と感想を伝えると、僕もそう思う、と嬉しそうです。同時に老いた母親への心配もうかがえます。

　トニーは、通りがかりの近所の知り合いに、空の色談義をしたかったわけではなかったのでしょう。彼の心にあったのは、祖国のお母さんのことだったのでしょう。または、トニーは気づいていなかったけれど、お母さんが彼を想って、彼の心のドアをノックしていたのかもしれません。

　いずれにしろ、口をついて出た "Azure" という一言は、わたしだけでなく、二人ともに、小さなシンクロニシティを経験させてくれました。

　出来事とは言えないほどの小さなことではあるけれ

01.

013

Manhattan Miracle!

ど、大きな喜びです。

このように何かピタッと"ハマる"経験を、わたしは無数に繰り返してきました。

狭くて、生身の人間が折り重なるようにいて、皆せっかちで、重層的で、求めるものが大きいニューヨークが、最高の練習スタジオでした。どこでも人懐っこく話しかけられ、「そこにハマる」機会がたくさん与えられて来たからでした。

ニューヨークは、受け取る準備さえできていれば、こんなインスピレーションがいくらでも降ってくる場所なのです。

02. 「わたしはあなたです」

　路上ではない場所で、もう少し時間をかけて自己紹介を求められる機会も多々あります。

　いつでも、どこでも、同じ文句を繰り返していればよいわけではないのが、自己紹介です。自分という存在は一つでも、TPOに合わせて、一つの自分を、異なる角度、異なる言葉で表現しなければなりません。

　ワイン・テイスティングのクラスの最初の自己紹介で、わたしはホラー映画が大好きです、とは言わないものです。去年フランスに旅行してワインがすっかり好きになりました、などと始めるのが妥当でしょう。もちろん、ブルゴーニュの赤とアメリカのホラー映画が何より好き、という組み合わせはあり得るし、同じ趣味のクラスメートが存在する可能性だってあります。さらにもう一つ、葉巻という趣味を加えると、その三点で結ばれる

友人の輪は、思いのほか広がるかもしれません。

　自分自身の「何を」「どこから」話そうかと、いつも考えさせられます。決定を迫られる場面が多々あります。

「わたしは今、ニューヨークで、ヒーリング／コミュニティ・センターを経営しています」

　そう始めることもできます。

「カウンセリング、ヒーリングのセッションやクラスを行っています。30年前は、わたしは日本にいて、オートバイに乗って国内外を走りまわっていました。そのまた25年前は、気管支喘息という持病のある、ひ弱な子どもでした」

　そんなふうに話すこともできます。

　喘息。
　オートバイ。
　ニューヨーク。

　わたし自身を紹介する時、たとえばこの三点をキーワードに使うことができるわけです。

「わたしは、夜中にしょっちゅう喘息の発作を起こし、身体を丸めて、息ができない、胸が苦しい、と涙を流しながら、酸素吸入器を口に押しつけていた子どもでした。

　長じて、丈夫になり、ふかぶかと呼吸をすることができるようになったばかりでなく、オートバイで走り回り、風を全身に感じ、山、川、海の濃密な空気をぞんぶんに吸い込む日々を歓喜して過ごすようになりました。

　そしてさらには、ニューヨークに飛び出して、より広大な世界の様相を眺めながら、その世界をもっと深く吸い込みたいと、無我夢中で学ぶようになったのです。とにかく、楽に、自由に、息をしたかった。それが、わたしのこれまでの人生です」

　この自己紹介では、わたしという存在を丸ごと伝えていることにはなりません。わたしにとって大事なキーワード、ローリング・ストーンズとか、書くこと、ヨガ、イタリアのアッシジと南の島々、猫、英語、『奇跡のコース』、ヒーリングが入っていないし、親との葛藤や結婚と離婚のストーリーもここには含まれていません。小学校時代のドッジボール大会優勝の、わたしにとっては大事な思い出もこぼれ落ちています。

それでも、この短い自己紹介には、嘘がなく、わたしの本当のことがあると思います。「だって事実だもの」というよりも、この自己紹介が共同制作だからなのです。

　ヒーリング／アートセンター CRS（Center for Remembering & Sharing）をオープンしてまもなく開催した直観医療のワークショップで、クラスメートになった人に、わたしは喘息発作の話をしていました。初対面のその人は、ヘアメークアップ・アーティストでありサイキックでもある若い男性でした。幼少時の病気のことが口をついて出たのは、身体にまつわることのワークショップだったからでもありますが、その時〝ハマった〟のが、喘息という言葉だったのです。すると、喘息とは直接関係のないオートバイのことが出てきて、そしてニューヨーク、と、コース料理が運ばれてくるように続いたのです。

　その彼は、即座に三つの言葉を繋げてくれました。つまり、そのバラバラの言葉に、真実を見つけてくれました。

「あなたは、自由に呼吸をしたかったんだね。オートバイの話も、あなたにとってのニューヨークも、自由に伸

び伸びと深呼吸できる場所なんだね」

　ああ、なるほど。それがこのコース料理のテーマだったのでした。

　近所の床屋のご主人と一つの言葉が繋がったように、三つの言葉がクラスメートに受け止められて、大事な自己に触れるものになったのです。

　自分一人で自身のストーリーを綴っても、どれほど嘘を排除して正直に綴ろうとしても、自分という存在を表現するのは至難の技。自分自身の物語というのは、どんなふうにも構成できるし、どんなジャンルにでも仕立てられます。コメディにも悲劇にもなるし、冒険もの、恋愛もの、成長もの、因縁もの、怨恨もの、等々になり得ます。語り手の自分は、それを笑い飛ばすことも、自己憐憫にひたることもできます。

　どのようにでも語ることができ、どの部分を大げさに膨らませることもできる自分のストーリー、気分によってどんな人生にもなり得るストーリーは、他の誰かに受け止められることによって、動かすことのできない揺るぎのない一点に、すなわち本当のことに到達するのではないかと思います。何故ならば、相手の話を聞いて受け

止めるためには、自分にも共通するものが必ず必要だからです。

　深々と呼吸したい、という切なる情熱を受け取ってくれた彼は、彼自身の中に同じ質のものを発見したに違いありません。それから数ヶ月経って、キャリアチェンジをした彼が、「インスピレーションをありがとう」と連絡をくれたのが、その証拠と感じられます。わたしは彼にインスピレーションなどあげていません。彼がわたしにくれたのです。けれども、わたしがもらった発見は、彼にとってもそうだったと言うことはできます。

　受け取ることは与えること。受け取ってもらえた時は、必ず、自分にも相手にも等しく発見があるものです。

　さまざまな人たちと出会い、自己紹介をし合い、そのときどきに心にあるものを伝え合う練習を重ねていくうち、わたしにとって本当のことは、誰にとっても本当のことなのだと理解するようになりました。人によって違う真実、人それぞれの幸せ、などというものはないのです。

　日常のお喋りでも、スピーチの場でも、わたしは自分の口から言葉が出ていくのを観察しています。もっと

優しく言わなければ、とか、そんなみっともないことを口にすべきではない、などといった内なる批判にめげることなく、それらの平凡な言葉の数々が、誰にどんなふうに受け止められて、人生をも動かす珠玉に変化するのかを密かに待ち受けています。もちろん、いつもその変化を目撃できるわけではありません。何か他のことに気を取られてしまって忘れることもあるし、気をつけていても何も起こっていないように見えることもあります。でも、どんな時も、たいていは、後でわかるものです。後にならなければわからない、鈍い自分を許しています。

　そんなふうに日常を繋げてきてつくづくと感じることは、自己紹介だけでなく、どんな会話も、お互いに、伝えたい、聞き取りたい、と願っていることは、

「わたしは、あなたです」

　という、簡潔な同意なのだなということです。

　ニューヨークの日常は、このような心の奥底の同意、魂の声とも言えるものを聞き取ることで成り立っているように感じます。"ハマる"時、わたしたちは、魂の声が響く空間に自分を置いているのかもしれません。

03. ラファイエット440

　"ハマる"言葉が口をついて出る時、それは、閃きとか直観といったもの、つまり自分の内側から湧いてくるように思える場合もあるし、自分とは別のところから聞こえる声、または何処かから降ってきた言葉と感じる場合もあります。

　声を聞く場合、普通の声としてはっきり聞こえることもあれば、さまざまな媒体を通して伝えられる場合もありました。街で見かける広告などのサイン、睡眠中の夢、または周りの人の口を通して、というように。

　いずれにしても、自分の知能を超えたところから来るとしか思えないそうしたメッセージは、思いがけない時に突然降ってくると感じていました。

　それらは突然来るものではなく、前兆があると気づいたのは、2004年の冬です。それも後になって、確かに前兆があったのではないかと思い至ったのです。

　マンハッタンのダウンタウンを南北に延びるラファイ

エット・ストリート。 わたしはその440番地の貸しスタジオにいました。

　当時、わたしはそこで『奇跡のコース』を元にしたヒーリングを教えていたのです。 週に三回、英語と日本語でクラスをしていました。 イーゼルとホワイトボードとボードマーカー、そして1リットル入りの水のペットボトルを抱えて、そのスタジオに通っていました。 他の日には、他の場所にも、同じものを抱えて通っていました。「遠くからでもすぐわかる。 こんなにたくさん抱えて歩いている人は滅多にいない」と言われていたものです。

　その日は日本語クラスの晩でした。 クラス中、教室の中にいて、近所の風景が全部透けて見える、ということが起こりました。

　お隣はロングランでかかっている「ブルーマン・グループ」のオフ・オフ・ブロードウェイ・シアターですが、ちょうどその時、シアターではクライマックスに差しかかったところで、白い紙のリボンが観客席を舞い、KLFの音楽が大音量でスタートしました。

　隣のビルのシアターで起こっていることを、わたしが知る由もないはずなのですが、その時、それは見えたの

です。

　もう一方の隣のビルには、フランス風ベトナム料理の店が入っています。オープンした頃マドンナやデヴィッド・バーンが常連で有名になりました。その晩は、そこにブライアン・イーノとジョン・ケールがいました。その晩その店に行ったわけではないけれども、わたしは二人を目撃したのです。とはいえ、真偽を確かめたわけではありません。ただその週末のニューヨーク・タイムズに、ロサンゼルスに引っ越していたブライアン・イーノがニューヨークを訪れていたという記事が載っていたので、わたしは、自分が見たビジョンは間違いではなかったのではないかと思っています。

　通りの向かいにも劇場があります。ライブハウスが併設されています。その晩のその時、わたしは、ライブハウスのステージでギターを弾き語っている女性の姿を見ました。実はその日はそこは閉まっていて、コンサートはありませんでした。それに、わたしはその女性シンガーを知りませんでした。ステージに立つ彼女を、その店で観たのはそれから１年以上経ってからのことです。その時、わたしは、あの時ビジョンに見えたのはこの人

だった、と思い出したのです。メアリー・ゴーサー。履き込んだカウボーイブーツを履いて、うつむきながら歌う人。暗く孤独な年月を通り抜けてきた人。それを歌うことによって、その年月に柔らかな光を投げかける人。これからの人生はきっと違う、などという期待は一切持たず、それでも、生きていくこと、自分に語りかけることを心に決めた声を、分かち合ってくれるシンガーソングライター。

わたしは友人に誘われて未知の彼女のコンサートに出かけ、彼女に魅せられ、そして、ああこれはあの時の人だ！と知ったのです。

わたしは1年以上も前に、彼女の姿を予見したことになります。何のために？わかりません。これと特定できるような理由はないような気がします。ただ、わたしにとっては、大変ありがたく大きなことでした。あの時わたしはこの人を見た、と思い出した時、同時に、両隣のビルの中、シアターの場面やレストランのテーブルを垣間見ていたことも、そしてあの晩見えたものは他にも多々あったことも、鮮やかに蘇ってきたのですから。

エンパイア・ステート・ビルはフランス国旗と同じ三

色でライトアップされていたと思います。エンパイア・ステート・ビルのライトアップの色は、さまざまな理由で変わるのですが、その晩なぜトリコロール・カラーだったのかは、調べていないのでわかりません。

　そんな具合に、あの晩、わずかの間、というよりたぶん一瞬間、心の視界がすっと広がり、あらゆるものが鮮やかに見えるということがあったのです。スタジオの一室にいながら、外の様子、近所のビルの中の様子などが浮かび上がったのです。その中には、事実とは違っていて、未来に起こることが見えていた、というものもあったわけですし、すべてが事実と符合していたのかどうかもわかりませんが。

　とにかく、わたしはそのほんの一瞬の前兆、肉眼には届かないものまで見渡せる視界が訪れるという経験の直後に、一つの言葉を受け取ったのです。

Center for Remembering and Sharing.

　わたしはその言葉をメモしました。何の意味かわからないままに。そして、クラスが終わった時、クラスの

仲間に、こんな言葉が降りてきたのよ、と話し始めた途端、そういうセンターがあったらいいと思わない？と提案している自分に気づき、自分で驚いてしまったのでした。

　本当の自分を思い出し、それを分かち合うセンター。

　それが、ヒーリング／アートセンター Center for Remembering & Sharing(CRS) を設立するきっかけになりました。 そしてその出来事は、メッセージはいきなり来るものではなく、心の視界が広がった時に来るということを理解できた、つまりそのことに気づいた最初の経験として、貴重なものになりました。
　まず、メッセージを受け取るのは、コントロールの効かないものではないということを理解しました。
　メッセージは、思いもかけない時に気まぐれに降りてくるものではないのです。 望んでいる時には得られず、鳩に餌をまくような気楽な感じで放り投げられるものではなく、求めれば必ず与えられるものなのだと確信できました。

CRSには、世界中の、ヒーラー、サイキック、と呼ばれる人たちが出入りしていて、ワークショップやセッションをしていますが、皆、人生のある瞬間に、求めていたものと受け取ったものが完全に一致しているということに気づく経験をしているようです。

「欲しいものが手に入らない」と思い込んでいると、その経験は逃すでしょう。欲しいものが手に入ったとしても、その時にはもう、別の欲しいものに意識が向いているので、求めるものと受け取るものにはギャップがある、という状態にい続けることになります。でも、一度でも、「そこにギャップはない」ということを意識が捉えると、その後は、ギャップのなさをいくらでも経験していきます。

　ギャップ。それはかつて、わたしにとって大問題でした。自分が自分の人生の最前線にいない感じ、遅れている感じ、そしてどうすれば、何がどうなれば自分自身の第一線に立てるのかわからない感覚は、つらい、とは言わないまでも、心の梅雨がいつまでも明けないようなうっとうしいものだったのです。メッセージを受け取ることで晴れ間が見え、最前線が見えてくるとは、思い

もよらなかったことでした。

　メッセージを受け取るには、心の視野を広げればいいわけです。肉眼では、いつも一つの点に焦点を合わせる見方しかできませんが、心の目は、左右も後ろも同時に見ることができます。壁や天井の向こうにあるものを見ることもできます。

　わたしはずっと、そのように心の目を広げるということを日課というより、いつもできるだけいつもそのようであるようにと願っていますが、常に壁の向こうが鮮やかに見えるわけではありません。ラファイエット440での経験のように、多くのものがありありと見わたせるということは、あまりありません。その理由の一つには、鮮やかに見る、実際に何と何が見えるのかを確認するということ自体はそれほど重要ではないと思っているところにあります。

　あの時の経験で、周りにあるあらゆるものと繋がりあって、そのネットワークのようなものの中に、そこに必要なもの、適切なもの、"ハマる"ものが降りてくるのだということがわかったので、そのありとあらゆるものをいちいち点検する理由はないのです。

わたしがメッセージを受け取るために準備するのは、365度、周囲を心の視界に収めるべく、意識を広げること、メッセージはわたし一人のために降りてくるものではなく、全員のためのものだということと、そのメッセージの内容は、視界の中のあらゆる存在や関係が繋がって生まれるものだということを思い出すことです。

　メッセージは、自分が求めていた"その"事柄に対しての答えや示唆ではなく、ある特定のものに対して与えられるものではないのです。

　日常の中で、「この事態を修復するにはどうしたらいいでしょうか」「どうしたらいいのかさっぱりわかりません」と、大きな力にすがりたくなる時、答えは、ここに、わたしの元にやってくることはなく、大勢の人たちとの繋がりの内に来るものだということを覚えていると、その答えを見逃さずに済むようだということも、わかってきました。

　CRSという答えもまた、ニューヨーク、マンハッタンのダウンタウンエリアを中心にして、有名無名のアーティストたちを含めた、数々の、そしてさまざまな、熱気、アイディア、そして希望が協力し合って受け取った

030

メッセージです。

　それはまた、次なる答えの導火線でもあります。希望が次々と打ち砕かれて、より大きな希望が生まれてくるように、ささやかな答えは、次々と降りてきて、少しずつ、答えの出どころ、全知全能の源に対する信頼と確信を深めてくれるのです。

　ニューヨークに来たばかりの頃、こんなことを言われました。
「すぐ近所でいつも何かが起きている。素晴らしいことが動いている。劇場、コンサートホール、講堂はいつも人でいっぱい。新しいものでいっぱい。だからね、いちいちあちこちに出かけなくていいんだよ。ここに住んでるだけで、全部受け取っているようなものだから」
　30年経った今もその言葉をよく覚えています。まさにその通り、と感じて暮らしています。

03.

Manhattan Miracle!

04.
The first year

　日本から来た人が、言いました。

「3年ぶりのニューヨーク。3年前と同じ場所に住んで同じ職場で働いている友達なんて一人もいなかった。皆ライフスタイルを変えている。ニューヨーカーの人生のスピードって早い！」

　もう一人が別の時に言いました。

「ニューヨークってやっぱり牛の世界だね。5年経っても皆同じ場所で相変わらず同じことやってるし、同じことして、同じ顔して、それに同じ服着てる。まあ、歳をとらないとも言えるけど、このスローさには呆れるね」

　経済情勢がどんな時期のニューヨークに来ているかにもよるし、何よりも、友人知人の種類によって経験することはまるで違ってきます。

　わたし自身は、二十数年同じ場所に住んでいます。30

年も前に買っていまだに着ている服が何枚もあります。明らかにわたしは牛さんグループに属しています。何事もさっさと行いキビキビと動く傾向のあるアジア人の血を持ちながらも、一方でもたもたグズグズしてしまう性質も持ち合わせています。ニューヨークに住んで、ないふりをしていた牛さん気質が、だらりと内側から外側へ流れ出した感じがします。

　最初にニューヨークに来た1988年、ミッドタウンのビジネス街の滑るように路上を進む人の群れは素通りして、ダウンタウンの、ゴツゴツした感じの空気に惹かれました。眺めているとファッションの流行が鮮やかにわかるオフィス街、ブティック街ではなく、バラバラなデザイン、さまざまなクォリティの服をまとっている得体の知れない人たちのいる界隈に魅せられました。まるで彼ら彼女らは、服装で自分を武装しよう、表現しようとしていないどころか、逆に、服や外見で自分がわかられてたまるか、と言っているように見えました。だからこそ目が一人一人の姿に吸い寄せられ、じっと見ずにいられなかったのです。そして、そうしていると、その人の心に何層もの年輪が透けて現れてくるように感じら

れるのでした。

　意識的にせよ無意識にせよ、「誰でも 15 分で有名になれる」というアンディ・ウォーホルの言葉を胸に抱いてニューヨークに来る人が大勢いるように思います。 夢や希望があるなら、「一刻も早く実現を！」と願うのは人情というものでしょう。 ところが、傑出した才能を引っさげてニューヨークに来ても、そこには、同様に傑出した才能を持った人たちが数えきれないほどいるのです。 故郷の天才も、ニューヨークでは凡人です。 そのことをすぐに（15 分以内に？）思い知らされますから、それに耐えられない人は去っていくしかありませんが、凡人であることを受け入れた人は、ニューヨークに残ります。

　ニューヨークは、傑出した凡人たちが作り出している街と言えるかもしれません。

　希望が打ち砕かれ、凡人であり無名である自分を受け入れた時、そこから新しい希望が生まれます。

　自分にとっての秋はまだなのに、今すぐ実をつけたいと悶えている若木が、実のなる気配がないどころか枝葉の細さ貧弱さに今さらのように気づき、自己嫌悪でうな

だれる頃、実は着々と成長を続けていた堂々たる根っこから、新芽が生えて土から顔を出す、それに驚く、といった感じです。

　ニューヨークに来るまで後生大事に抱えていた希望は、十中八九砕かれます。才能溢れる人々が結集しているだけでなく、家賃を始め、あらゆる物価も税金も目をむくほど高く、その上に、非アメリカ人には、滞在許可証の取得という大きな壁もあります。そこで絶望すると、底力が湧いて来るわけです。その底力に気づく時、つまり地下で、根っこはしっかり大地に張っていたのだと、自分の価値は貧しい枝葉ではなく、目には見えないところにちゃんとあったのだと自覚する時、一生消えない自信が生まれることがあるのです。

　もはや15分も15年もあまり違いがなくなります。すべては自分に巡り来る時節が連れて来るもの。すべてが、実は完璧な答え。安心していていい。そう思えるようになります。そしてまた、もはや、表面的な成功や世評、稼ぎの額とか、キャリアで昇りつめる、といったことにはたいした意味はないと感じるようになります。

大切なのは、自分の根っこであり、すべての人の根っこが養分を吸い上げている全員共通の糧であり、つまりは全員が凡人、対等な存在でしかないということ、自分自身が傑出した存在でないどころか、そんな存在はどこにもいなかったという認識だということになってきます。

　自分の根は、お隣の樹の根と絡まり合っています。地下では、その根っこが誰のものかなど、区別がつかなくなっているのです。自分が、傑出した存在でないだけでなく、傑出した特別な人など実はどこにもいないのです。

　しばらく前に面白い再会がありました。CRSをオープンしてすぐと覚えているので2004年のことですが、タクシーの運転手と話が弾みました。彼はアルジェリア出身、故郷では、ナンバーワン・コメディアンだったと本人の弁。祖国の期待を担いパリに進出、さらに成功して、いよいよニューヨークに挑戦しに来たのだそうです。

「ニューヨークは、歯が立たなかった」と彼。「才能というだけじゃなく、人間力がすごい。かなわない」。小

さな店での小さなステージならいくらでもあるけれど、「そんなもので小金を集めていたら、これが僕のやりたかったことか？と疑問が湧いてやめた」。それで彼は、コロンビア大学でビジネスを学ぶことにし、タクシーを運転して生活費と学費を稼いでいるところでした。

その彼に、去年、再会しました。ディパック・チョプラ氏のイベントに参加した時のことです。受付に「チョプラ氏に質問したいことがある方はここに記入してください」という紙があり、わたしはバッグからペンを出して、書いていました。すると、受付テーブルの反対側にいた男性が、「久しぶりですね」と言うのです。「そのペン、僕まだ持ってます」と。わたしがその時たまたま使っていたのは、CRS をオープンした時に作った CRS マーク入りのボールペンでした。「いつか僕にくれたの覚えてない？　君のセンターのワークショップに寄ったこともあるんだよ」。わたしも思い出しました。コメディアンのタクシー・ドライバーのことを。「ああ、アスタープレイスまで乗せて行ってもらったっけね！」と。

彼はビジネス修士号を取得して、起業し、イベントプランナー兼人気司会者として活躍していました。すっ

かりニューヨーカーになっています。ニューヨーカーの人なつっこさ。彼本人が言うところの人間力。絶望から生まれる自信。その喜び。常に対等な存在として人に接する姿勢。表面を流れていく時間を押しとどめる力。その総体を、彼から感じました。そして、彼を通して、わたしが惹かれてきたニューヨークは、まさにそういうものだったのかもしれないとも思いました。

このような経験もまた、メッセージです。求めたものに対しての答えです。

ニューヨークに目的を持ってやって来た人には誰でも、The first year があります。

どこに移り住むにしても、何をするにしても、誰とどんな関係が育つにしても、あらゆることに、The first year があるでしょう。でも、ニューヨークの The first year は、中でも大きな影響を心に与えるような気がします。

わたしにとっては、まるで新しい天体に生まれ変わったような、と言うほどの"ワープ"でした。

ニューヨークに初めて足を踏み入れた 1988 年は日本

のバブル経済真っ盛り。ニューヨークに旅行する日本人は、日本で大量の買い物をする中国人のよう、というほどではないかもしれないけれども、かなりのお金を気前よく、スピーディに落としていました。ハイブランドのブレスレットから、大きな不動産まで、大変な、有頂天の勢いでした。多くのものがさらさらと流れ、抵抗があっても、景気の風が簡単に吹き飛ばしてしまうかのようでした。

　20代のわたしにも、そのおこぼれは十分に届いていたのかもしれません。あらゆることが目まぐるしく動き、毎日が新しく、珍しく、眠る暇などなかった頃です。毎日オートバイに乗っていましたが、そのスピードや風を受ける感覚が、その時代の自分そのものでした。

　ところが、ニューヨークでは、スピーディに走れなかったのです。何をするにも、どこへ行くのも、ゴツゴツした歩きにくい地面を踏みしめて、いちいち自分の心に問いを投げかけなければならなかったのです。

　ニューヨークで出会う人たちは、外見では何者なのかがわからない老若男女であり、カテゴリーにはめられない人々でした。言葉を交わせば、それが何のやりとりで

あれ、「君はどうなの？」「何を見せてくれるの？」「あなたは誰なの？」と、欠けているものを指摘するのではなく、「何を持っているのか」をまっすぐに問われている気がしました。

ニューヨークは、わたしに、「止まれ！」と言ったのです。

ニューヨークは、わたしの財布の中の小金を指差して、「それを何のために使うつもりだ？」「本当にそれに使いたいのか？」と鋭く聞いてきたのです。

その厳しい教師たちは皆、静かな目をしていました。

教師というのは、カフェで「僕の詩を読んでくれる？」と話しかけてきた若者であり、八百屋のレジ前でインド式野菜カレーの作り方を伝授してくれたポーランド人の画家であり、穴のあいた白シャツにほつれた短パン姿で路上のスナップ写真を撮っていた人、ホームレスのジョージ、その他大勢のことです。

あれから30年、亡くなったホームレスのジョージを除いて、たいていの人たちとは今も交流があります。お互いの人生の進み行きを見合い、助け合ってきました。一見では、彼らはいつも静かな目をしているわけではな

いのです。希望と絶望が交互に訪れることもあるのです。けれども、どんな時も、よく見れば、そこにあるのは静けさばかり。

わたしは、その静けさを見たかったのでしょう。見たから、それがわかります。その人の目の奥にある心、その奥にある静寂と明晰さを、わたしは求めていたのです。自分の内には感じられないものを、その人たちから学びたいと望んでいたのです。

でも、人の目を覗き込むということは、自分もまた見られているということなのでした。目の前の静かな目は、わたしの心を見て、「ここには何があるのかな？」とわたしをからかっているような感じがしました。
「君はまだ何も見つけていないね」と。

わたしのニューヨーク the first year は、何もない自分を受け入れるという、何とも清々しい日々だったように思います。わたしはその１年で、急がない人生、15分で何かを成し遂げようとは思わないやり方を選んだような気がします。静かな目は、滑るように動いてきたわたしにからかいの眼差しを向け、「どこにも行くな。今ここ

でしっかり自分を見なさい」と伝えてくれていたのです。

　何年も経って、静寂は他人の中にだけあるのではなく、自分の中にもあったのだ、ということに気づくまで、ニューヨークはただ見守ってくれていました。ニューヨークは、求める者には、限りない忍耐でたっぷりとした時間を与えてくれるのでした。

　ウォーホルがプロデュースしたアルバムの、ルー・リードとジョン・ケールの歌には、スピーディな成功を求める勇み足とは逆の、しんとした心があります。

　経験を積みあげて、できるだけ高い山を作り、その表面にできるだけたくさんの樹木や家や人材を揃えることを目的とする生き方、あらゆるものを増やしていく生き方の代わりに、昨日手にしたものは綺麗に手放し、空っぽの両手を広げて今日を生きるやり方、今夜、また今日までの自分は死んで、明日は新たな自分が蘇るやり方が感じられます。

　死と再生を繰り返す時間の使い方とは、すなわち、時間がちっとも進んでいかない生き方のことではないでしょうか。進まない時間とは、永遠のこと、とも言えるのではないでしょうか。

> あなたが自分の美しさを信じないなら、わたしはあなたを映し出す鏡になろう。それでももし、あなたがまだ暗闇で迷っているのだったら、わたしはあなたの目にも手にもなろう。

　この、ニューヨークのミュージシャン、ルー・リードの詞は、ニューヨークそのものがわたしたちに囁いてくれている言葉のように感じます。

　ルー・リードも、ニューヨークも、この詞のように「愛する人」なのだと思います。「愛する人」の言葉は静かです。「愛して」と乞う人の心が騒がしいのとは逆に。その静けさこそが、「愛しているあなた」と「愛している自分」を救うのでしょう。

04.

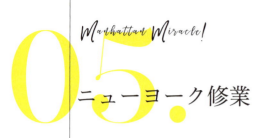

05. ニューヨーク修業

「やっぱりニューヨークがいいなあ」と、しみじみ呟く人に会うのは珍しくありません。

日本で電車とプラットフォームの間に落ち、片足と片目を失ったKayさんもその一人です。仕事を終え、疲れ切った身体で東京都内の駅に立ち、滑り込んできた電車に乗ったはずが、隙間に足を踏み入れてしまったのだそうです。よほど隙間が大きかったのでしょう。

わたしは、交通事故で半身が動かなくなり、「死んだ方がよかった」と1年間泣き続け、数年経ってもまだ、時折、死の衝動に襲われるという人を知っています。その人はこうも言うのです。「皆、前向きに生きようよ、と励ましてくれるのだけど、皆が皆、でも気持ちはわかる、という顔をするのよ」と。

Kayさんは、「失ったものが、二つあるものでよかっ

た！」と笑顔でおっしゃる方です。

　その笑顔に応えて、「そうよね、ラッキーよね。 わかるな、その嬉しさ」と感じる人はどのくらいいるでしょうか。「どうしてそんなふうに思えるの？」という反応の方が圧倒的に多いようです。「本当はつらいのでしょ？」と聞いてくる人もいるようです。

　わたしには、Kay さんの佇まいから、「実はね……」というようなエネルギーが隠れているとはとても思えません。 ただ本当に、二つのうちの一つが機能することを感謝し、その機能を大事にしながら、事故以前と同様、または以前に増して、人生を満喫している感じがします。

　Kay さんは、スポーツジムで、パーソナル・トレーナーをしていました。

　そして今も、です。

　ただし、日本のスポーツ・クラブではなかなか雇ってもらえないそうです。 リハビリ後「あなたはどうしたい？トレーナー続けたい？」と彼女の意思を尋ねたのは、米軍基地内のジムだけだったそうです。

　深刻な病気を持っているから、女性だから、若くない

から、等々の理由でその人のやりたいことを却下する社会は、かけがえのない人材を無駄にしているのに違いありませんが、「それは間違っている！」と主張したところで、拒否される当人が、閉じ込められた環境で出口を見つけるのは簡単ではないでしょう。

ニューヨーク？こちらでは対等の扱いです。

義足もあり、片目はよく見えるし、実を言うと、Kayさんが事故に遭った方だとは、一見では誰も気づかない機動力を持っていらっしゃるのです。でも彼女は、「車椅子の人でも、盲目の人でも、誰でも対等にやりたい日常を送るのは当然、という思いが徹底しているニューヨークが大好き」と言います。

Kay さんは、システムのことを言っているのではありません。確かに、バリヤフリーの街づくりは、日本よりずっと以前から始まっていますけれど、仕組みを真似しても同じにはなりません。

バリヤフリーとは、高齢者やハンディキャップのある人に「親切にする」ことではなく、一人一人が心のバリヤを外すことです。それは、一言で言えば、甘えない、ということなのではないでしょうか。

たとえば、バスは定刻通りに来て欲しいとほとんどの人が願うかもしれません。でも、ニューヨークのバスは、たいてい遅れます。しかもしばしば、大幅に遅れます。遅れてきたバスに乗ると、次の停留所で、三人が車椅子で乗車を待っていることがあります。運転手は一旦エンジンを止め、車内に車椅子のためのスペースを作り、昇降口からリフトを出し、彼らの乗車を助け、それから他の客を乗せて、やっと発車します。

　バスは、どんどん遅れていきます。

「困ったなあ」

　滅多にバスは乗らないわたしも、数え切れないほど呟きました。

「そうでなくても渋滞なのに、これじゃ遅れちゃうじゃない」

　心の中で文句を言ったことも無数に。

「車椅子なら、せめてラッシュアワーを避けてくれればいいのに。皆仕事に行く人たちばっかりよ」

　と、その人たちを密かに攻撃したこともありました。

　恥ずかしいことです。

　そんな思いは、「甘え」です。

「お金を払っているのだから、時間通りに運行して欲しい」

「なぜわたしがこの人たちのために遅刻しなければならないの」

　という思いは、

「ちゃんとしているわたしに、ちゃんとサービスしてよね」

　という主張です。

　世界は「ちゃんとしている自分にそれだけの敬意を表しサービスを提供する義務がある」と信じている姿勢です。

　その信念が間違っている理由、甘えだと思う理由は、「ちゃんとしている自分」という自分像は、独りよがりの思い込みに過ぎないからです。

　少し考えてみれば、自分が「ちゃんとしている」だなんて、「どこをどう押せば出てくる考えなのだ？」と笑ってしまうでしょう。

　自分は、"別にちゃんとしていない"ので、世界が自分に跪く理由など、どこにもないのです。

　そのような思い込みを持っていると、たとえば、自分

が事故に遭い足を失った時、または高齢に達した時、「わたしはちゃんとしていないから、社会に迷惑をかけている。外に出て嫌がられたくない」と卑下しなければならないでしょう。

そして今だって、実は「ちゃんとしなきゃ」と自分を叱咤しながら苦しい思いで生きているに違いありません。

自分に厳しいので、社会に対しての目も冷たいものになります。

自分の勝手な思い込みで社会に文句をつけたり恨んだり、そうでなければ自分を責めたり蔑んだりすることを「甘え」と呼ぶのだと思います。

ニューヨークに来たばかりの頃、わたしは救いようのない甘ったれでした。バスでも地下鉄でも銀行や郵便局やスーパーの長い列でも心の中で文句ばかり言っていました。間違った請求書を送りつけてくる電話会社にも約束の時間を守ったためしのない電気修理会社にも文句をつけていました。

「わたしの時間を無駄にしないでください！」と叫んでいたわけです。

実のところ、自分の甘えには目を向けず、人を責め立てることで、学んでいない、という人生の最大の無駄な時間を過ごしているのはわたし自身なのに。そして、「ちゃんとしている」と思っている自分、ここが長所、と信じている自分など、ただの傲慢に過ぎず、逆に、弱点と決め込んでいるところにこそ、よさがあるものなのに。

　甘えている間は、何があっても、人のせいにしているので、自分のことを学べないのです。

　わたしは、ずいぶん遠回りをしてきた、多大な時間の浪費をしたと思います。それでも、なかなか来ないバスも含めて、自分の思い通りに動かない物事に無数に遭遇してきたおかげで、人生は、自分の思い込みとはまったく違ったレベルで動いているということを学んできました。

　それは、一言で言えば、協力、ということでしょうか。

　人と人は、どの瞬間にも、協力して人生を共に動かしています。バス会社と運転手と乗客は、それぞれが協力して今日１日を創造し、いたわり合い、励まし合い、持てるものを与え合っています。自分の都合を脇に置き、

その人が無事にバスに乗れるよう協力することそれ自体が、その日の活力になるのです。誰かの、または自分の「ありがとう」「お願いします」が自分の生命力を盛んにさせるのです。

そのような協力に参加することが喜びなのだし、また、それが、たとえばニューヨークでバスに乗るということなのだと思っています。

わたしと社会、わたしとあなた、わたしとバスの運行状況、といった対立関係は存在していないのに、それがあると思い込み、そこで権利を主張しようとする姿勢が、甘えた子どもなのでした。

グズグズ、ダラダラ、もたもたしている人がカウンターにいて、列がなかなか動かない時に、ニューヨーカーが文句を言わず、肩をすくめず、平静な態度で立ち続けているのは、彼らが暇人だからでも牛さんのようなゆったりした日々を送っているからでもなく、大人だからなのです。対等に皆が協力し合っていることを理解しているからです。

ニューヨーカーを牛と呼ぶなら、聖なる牛です。

ニューヨークには、「そうであるべき」「こう感じるべ

き」という押し付けがまったくありません。だから清々しいのです。またニューヨークは、"親切に"は手を差し伸べてくれません。それもまた、気持ちがいいのです。

代わりにあるのは、「あなたのその願いをしっかり見せてください。喜んで協力させてもらいますから」という対等の姿勢だけです。

対等な関係の中では、自分の未熟さや考えの狭さを思い知らされることが多々ありますが、だから、自分は決してちゃんとなどしていないということが認められ、受け入れることができるのだと思います。そしてそれでも、社会は、人は、自分が手を差し出すのを待っていて、その手を取ってくれるのだという事実に気づき、身にしみるのです。

とりわけニューヨークでは、人が天使に見えることが多いように感じますが、それは、困ること、助けが要る状況に陥ることが多いから、というのではなく、天使は、対等の関係、風通しのよい関係の中にだけ現れるものだからだと思っています。

ニューヨークで生きていきたいと言うKayさん。今はまだニューヨークに定住しているわけではありません

が、怪我を通して、以前には彼女の心の外側にあったのかもしれないニューヨークが、心の中に生まれ育っているように見えます。心にニューヨークを持っている Kay さんを、ニューヨークという街が鮮やかに照らしているようです。

Kay さんの心と、Kay さんを取り囲むニューヨークのエネルギーが、ぴったり一致しているのが感じられます。その内と外を隔てているもの？それはただ Kay さんの身体であり、残った目と足、失われた目と足、そうしたものに過ぎません。

そしてそれらは、どんな形状、機能を持っていても、または持っていなくても、完璧に内と外を繋ぐ役目を果たしてくれる道具なのです。

ニューヨークが心の内に生き始めたなら、ニューヨーク＝自分自身となったわけですから、Kay さんがニューヨークから離れることはあり得ないし、ニューヨークが Kay さんを歓迎するのを止めるはずがないし、その繋がりに降りてくる答えを、彼女は無数に受け取っていくに違いありません。

06. 真のオリジナリティ

　ヨガスタジオの入っている階からエレベーターを降りていくと、ビルの出口で、ドアマンがうなり声のようなものを発していました。近づくと、彼の座っているデスクの隠れた手元にミニ・テレビがありました。
「君はすごい場面を見逃したよ」
　わたしの気配に、彼が言うのです。冷房の効いているビル内に、開いたドアから外気の蒸し暑い空気が入り込んでいて、彼の褐色の額に汗がにじんでいます。
　小さなスクリーンに、中年の白人男性がステージに立っていて、正面に座った審査員三人が異口同音に、「43歳の今まで、あなたはいったい何をしていたのですか」と叫んでいます。「四人の子どもを育てていました」と、彼。「今日からあなたの人生はまるで変わりますよ」の審査員の声に、会場から大きな拍手。

アメリカで人気のあるダンス・コンテスト番組でした。プロ・アマ問わず、さまざまなスタイルのダンサーが技と表現を競い合うもので、クラシック・バレエ、ベリーダンスやタップなどもあります。さすがショービジネスの国だなあと、テレビの前のわたしたちも、つい興奮してしまうことしばしばです。たった今、ステージに立って賞賛を受けている男性のように、中年の挑戦者もいるようです。

　わたしは、そのまま画面に見入っていました。

　20代半ばの黒人の青年が登場しました。「学校を卒業する時、ダンサーになると言ったんです」と自己紹介。「ママは怒ってぼくを家から追い出した。それから7年、ママとは一度も会っていません」。

　ママは、というからには、パパはいないのかもしれません。一人手で息子に愛情と期待とを注いできたママに、ストリートダンスにしか興味がない、進学も就職もしないと言い張る息子。わたしの中で妄想ドラマがたちまち組み立てられていきます。

　その青年は、ホームレスになりました。ホームレスのまま路上でダンスし続け、やがて大勢の人たちから、拍

手と、そしてお金をもらうようになり、その稼ぎでアパートを借りられるまでになっていました。

　彼の演技は、驚くべきオリジナリティと高度な技で審査員、会場の観客、そしてドアマンとわたしをうならせました。彼は、今まで見たことのない──少なくともわたしは──筋肉の使い方をし、肩や肩甲骨の骨を奇怪に、かつ優雅に動かしてみせ、しかもそれらの動きを、音楽に乗せて、完璧に調和のとれた振り付けに生かしていました。先ほどの男性に続き、次のレベルのコンテスト、ラスベガス行きのパスを取得しました。

「自己流でここまでできる人ってすごい。わたしなんか、四半世紀ヨガをやってきて、いまだに、ときどき先生についてチェックしてもらわないと、身体が正しく動かない」と、わたし。

　ステージでは、青年が嬉し泣きしています。首筋も顎（あご）の線も細く、青年というよりまだあどけない少年に見えます。マイクを口元に寄せて唇をふるわせているので、「ママ、観てる？」と言うのだなと思いました。

　違いました。彼の第一声は、友達に向けてのメッセージでした。

「ストリートの仲間たち、観てくれてる？ほらね、ぼくたちはちゃんとできるんだ。あきらめなくていいんだ。ぼくたち、やれるんだよ」

　ああ、そうだったのね、これでわかった、とわたし。

「自己流じゃなかったのね。仲間たちに見てもらって、教えてもらって、正してもらって、鍛えてきたんだわね。やっぱりそういうものね」

「ハートだよ」

　胸元の、金の十字架のペンダントのあたりを指で触れて、ドアマンは言いました。

「ハートで聴く耳を持つ者が、人の批評をよく聴くし、結果、人のハートに届くものを完成させるんだ」

　まったく、いいことを言うドアマンです。

　そう言えば、その日の朝、警報機のちょっとした修理に来てもらったアパートの管理人からも、似た言葉を聞いていたのでした。英語を片言しか話さないロシア人ニコライは、「あなたは何を頼んでも、全部、5分以内で終わらせるわね。感動する」と言ったわたしに、「ハートで、ここに（＝警報機に）訊きながらやるんだ。間違えると、ここが（＝警報機が）No! と叫ぶんだ」と答えた

057

Manhattan Miracle!

のです。そのドアマンに話すと、彼は、「君はいいビルに住んでるね。ラッキー・ガールだ」と、肩を叩いてくれました。

そう、この世界には、この人たちのように、至るところに、ハートで聞き、ハートを開く人がいて、そのハートに支えられて、そのハートに学ばせてもらって、わたしたちは生きているのだろうと思います。わたしも、毎日、その人たちの仲間として生きたい、人の言葉に（警報機の言葉にも）耳を傾け、心を開く姿勢を忘れずにいたいと気持ちを新たにしました。

それに、いつも実感していることですが、人と一緒にやると、何でも早く、うまくいくのです。自己流というのは、成功しないのです。自己流で成功しているように見える人がいたら、それは、その人をそのように見るこちらに見落としがあって、実のところ、その人は、心を広く開いて、常に、"自分自身の思い"とは別の声に耳をすませてその道を究めているのだと思います。あるいは、そのように、頑なになりがちな自分の心に風を入れながら生きることが、人生の成功、真にオリジナルな人生と言えるのではないかと思うのです。

Manhattan Miracle!

07. かけがえのない批評家を持つ

　久しぶりに、ヨガスタジオに行きました。 ビルの入り口の、ドアマンの机上の、小さいテレビの画面で、青年のステージ上の姿を見て、ドアマンと話をしてから、何ヶ月も経っていました。

　ドアマンは、同じ人で、テレビの画面には同じ番組が映っています。 ただ、その日は、ドアマンは携帯電話でイライラしながら話をしていて、テレビに見入るところではない様子。 それで、その後のコンテストの概要を尋ねる機会を失ったまま、けれども十分に図々しく、彼の代わりに、番組をしっかり見届けようと、わたしは彼のすぐ隣に立って（机の向こう側にまわり込んで）画面を覗き込みました。

　数分観ていると、状況がわかってきました。 わたしが観た番組の後、ラスベガスでさらに審査が進み、出場者

はさらにふるいにかけられ、16人のベスト・ダンサーが、今日、集まっているのでした。

　その中に、例の青年はいませんでした。画面は、これまでの審査の様子なども映すのですが、それによると、ベストダンサーに選ばれるには、ストリートダンスができるだけでは歯が立たない感じです。あらゆるタイプのダンスで評価される様子。その一例が、その日の審査でした。残った男女半々の16人は、ペアを組んで、デュエットで踊らなければなりません。おそらく制作側によるペアリングであり、プロフェッショナルの振付師がついての創作ダンスです。

　わたしが観始めた時には、バーレスクの格好をした女性と、黒スーツ姿の男性が踊っていました。昔のヨーロッパのキャバレーの踊り子が、客に媚を売っている（けれど、本当はほんものの愛を求めている、といった感じ）というストーリーのようです。二人とも、実にしなやかでスピード感のある演技をしました。

　審査員からは、「君（彼のほう）は文句なし」「君（愛らしい若い女性）は、ソロの時はもっと自由でもっとコケティッシュだった。デュエットになったら、ステップ

を正確に踏んでいる、という域から出ていない」「相手を怖がるな」「人間を怖がらずに愛しなさい」と、厳しい言葉が出ました。

　続いて、孤独な男女がお互いを求めながら、拒絶し合い、争い合ってしまうストーリーが始まりました。 ダンサー紹介とともに、練習風景のビデオが流れましたが、そこでは、振付師から、「あなたは、恋に堕ちる自分からまだ目をそむけてる！」「もっと深いところまで降りていきなさい！」等の言葉が飛び、二人ともが、その言葉に叱咤されてどんどん感情を出していくうち、ついに、振付師を含めた三人ともが、感極まって泣き出してしまいました。 その舞台本番は、賞賛の嵐。 ただ、女性の顔の表情に、小さなクレームがつきました。 そして次は、今まさに亡くなる父親と、その娘のダンス。「観ていたら2年前に亡くなったわたし自身の父親を思い出してしまって」と絶句した審査員もいれば、「君（彼のほう）のお父さんはどんな人？君はお父さんが好きか？近い関係なのか？」「なぜ聞くかというと、君は、父親の、娘に対する思いに、今一歩踏み込んでいないと感じるからなんだ」「トップダンサーというのは、華麗に踊り、完璧に

身体をコントロールできるだけじゃだめだ。自分の心を繋げなきゃ。繋がらなければ、観客の心に繋がるわけがないだろう」。

どのカップルも、それぞれの動きは、わたしの目にはこの上なく正確、優雅、かつ表情たっぷりに見えます。どの舞台に出しても恥ずかしくない出来。目の肥えたニューヨーカーたちの目にさらされても堂々としたもの、と映りましたが、彼ら自身が一級のダンサーである審査員たちは容赦しません。

わたしには、この審査員の批評が、宝物のきらめきのように思えました。ダンサーたちは、なぜ練習を積んできたのか。なぜコンテストに出るのか。その本当の答えは、真の批評を聞くためではないかと感じました。大事なところを見抜いてくれる批評家。心のドアを、もっと押し広げるために真剣に手を差し伸べてくれる批評家。つまり、一流の批評家に出会うための努力だったのではないかと。

わたしたちは、たぶんに、批評家に頼って生きています。

わたしにも、この人の映画評は信頼できると思える映

画評論家、音楽評論家がいますし、この人が書くコラムは必ず読むと決めている政治批評家がいます。他のジャンルでも、あの人ならどう見るだろうかと考える人たちが少なからずいます。

その中には、辛辣で、相手を滅多斬りにするような書き方をする人もいますが、それは相手の仕事に敬意を払った上での批評なので、悪口ではないのです。悪口しか出てこない時、敬意を払えないと感じる時は、彼らはただ無視します。

メディアではなく、日常の中で、わたしはそのような批評家に、大勢出会ってきました。わたしがコンテストに出るようなことはありませんが、ニューヨークというステージで、大勢の優れた批評家に批評してもらってきました。批評とは、語るに値しないものは無視した上で、わたしが大事なことに気づかぬまま、あたふたとしている時にそれを指摘してくれることであったり、やはり自分で気づかぬままに心をシフトさせている時にそれを示して勇気づけてくれることであったり、さまざまな形があります。

かつては、批評と批判の区別がつけられませんでし

た。

「傷ついた」という表現で、あたかも自分が糾弾されているかのように受け取ってしまうことがあったのです。ああ、どれほど勝手に傷ついていたことか！批評を受け取る代わりにそれを批判、非難と解釈して相手を遠ざけ、何よりかけがえのない気づきの機会を逸してきたことがどれほどあったかと思います。

　ニューヨークに来て、批評が上手な人たちがどこにでもいることに気づきました。それから、批評に耳を傾けることが上達してきました。何を聞いても、どこかで自分にとっての批評となり得ることがわかってきました。

　また、誰かに批評の言葉を発することにも怖がらなくて済むようにもなりました。

　その言葉をどう聞くかは自分次第、その言葉をどんな思いで発するかも同様。ということは、それがお互いにとって有効なものになるかどうかも、100パーセント自分が知っているはずなのです。相手がそれを受け取ってくれなかったら？と考える必要もありません。後で必ずわかってくれるものなのでした。

　テレビの中のストリートダンスの青年は、コンテスト

から、どのような批評を持ち帰ったでしょうか。ストリートの仲間たちとはまた別な、ひと回りもふた回りも大きな世界からの愛情たっぷりの批評の声を聞き取ったのではないでしょうか。

わたしは、優れた批評家、愛の目で見てくれる批評家を、そのような批評家となれる友をこそ、求めていると思います。だから、今、目の前にいるその友、あるいは家族に、かけがえのない批評家となってもらいたいのです。自分に近しく、よく知っているはずのその彼に、彼女に、容赦なく、真実を伝えてもらいたいのです。そのために、その人たちが変わる必要はありません。わたしが彼らの声に批評を聞き取る力を養えばよいのです。

彼らにもっと心を開き、心を許し、彼らを恐れず、疑わず、彼らの尊さと温かい気持ちを信頼するという練習を続けたいのです。

一人で何かを成し遂げようとするのは不可能です。お互いが、誠意ある批評家となり、心を開くための手を差し伸べ合って、一緒に、「ああ、こんな素敵な世界があったのね」という場所に辿り着く経験を重ねたいと思っています。

08. 日本語じゃ恋はできない？①

　ペコちゃんは、わたしがニューヨークに来た時には、もうニューヨークにいて、せっかく友達になったのに、日本に帰らなければならない事情ができて泣く泣く帰っていった、若い人でした。その後20代のうちに亡くなりました。急に重い病気になったのは「うんと気落ちしていたからかもしれない」と言う人もいました。

　彼女はよく言っていたものです。語尾を伸ばして。甘い声で。

「日本に帰るのはイヤ〜」
「だって、日本語じゃ恋できないも〜ん」

　恋のことばかり口にするにしては、彼女の恋のお相手はいつも影が薄く、ディナーの席に連れて来ても、次回

は別人に変わっているといった具合でした。細身で不機嫌そうにしている人、がっちり体型でいつも笑みを浮かべている人、普段はベルリン在住という女性を紹介されたこともありましたが、男性でも女性でも、ナニジンでも、どの人も寡黙で、ペコちゃんはどうやって恋してるんだろう、デートで何を話してるんだろうと、皆で首をかしげたものでした。日本語じゃできないって言うけど、英語だって使ってないじゃない。

　子どもの頃に家族とともに在米、中学で日本、高校卒業を待たずして一人で再渡米。オフ・オフ・ブロードウェイの舞台で小さな役をもらいました。わたしが会った時彼女は19歳でした。日本語も英語も中途半端にしかできないから将来が怖い、と言っていました。日本人にもアメリカ人にもなりきれないアイデンティティを不安に感じているようでした。
　でも、少なくとも言語については、日米両語よくできていると、わたしには思えました。日本語では舌足らずにも聞こえるのに、英語になると、大人びた口調になるだけでなく、声も低くなるのが面白いと感じていまし

た。

　彼女には、語学力の問題というより、もっと表現したいことがある、もっと克明に、鮮やかに取り出したい思いが心にある、というもどかしさがあったように思います。日本人なので、母国語で表現し切れないことに、なおのこと苛立ちを感じていたのかもしれません。また、ペコちゃんは女優の卵だったので、夢の映画界に入っていくためには言語能力をもっと磨かなければと思っていたのかもしれません。

　それはともかく、「日本語じゃ恋はできない」という言葉に、誰もが興味津々で、「どうして？」「恋の言葉、英語で言ってみて」「英語のどこがセクシーなの？」と質問責め、そんな時のペコちゃんは一番嬉しそうにくつろいでいたのを覚えています。

「恋って poke し合うものじゃないの〜。日本語に poke できる言葉ないでしょ〜」

　poke というスラングもあるので、苦笑した人たちもいましたが、わたしが、これはペコちゃんの名言なのだと

理解するまで、時間がかかりました。

　　poke ＝突っつく。掻き立てる。刺激を与える。

　ペコちゃんは、別のヒントもくれました。

「恋ってテニスのマッチみたいだし〜」

　US オープンの始まった夏の終わり頃のことで、たぶん彼女は、新しい恋人とゲームの練習を観にいったばかりだったのだと思います。それでテニスというたとえが出たのでしょう。

　ライバルとして認め合えることが恋だと彼女は言うのです。ライバルを見つけるために恋をするのだとも。

　ペコちゃんは、当時のテニスのスター選手を二人挙げ、たとえばこの二人のゲームは、恋人同士のゲームそのもの、と、口調は間延びしていながら、はっきり断言するのでした。

　なるほど。お互いが手を尽くして刺激し合い、お互いの内側にしまってあるものを掻き出し合いながら、なか

なかやるじゃないか、と、相手の食いつきを喜ぶ。ます
ます闘志が湧く。その闘志が生きるエネルギーになっ
て燃え盛る。恋とはそういうもの？
「そうだよ〜」
　じゃあね、その試合を英語でどうやってするの？
「それはね〜。やっぱりアイ・ラブ・ユーって言える
でしょ〜」
　やっぱりそうか。そうよね。I love you. の恋は、「好
きだよ」と告白するのとは全然違うものかもね。

　I love you.

　この言葉から始まる関係は、以後ずっと、I と you の
間にさまざまな動詞を入れ替えながら続いていきます。

　わたしはあなたが恋しい。
　わたしにはあなたが必要。
　わたしはあなたに感謝している。
　わたしはあなたに怒っている。
　わたしはあなたにがっかりしている。

わたしはあなたに賛成。

わたしはあなたに反対。

一つ、口にするたびに、わたしとあなたという一見
まったく違う別々の個体が、心の底から発動される思い
によって、触れ合い、絡まり合い、鼓舞し合い、協力し
合って、目に見えない"一つのもの"を引き出していく、
または創造していく感じです。

わたしとあなた。まず二人が別々の存在で、お互いに
わかり合えない思いを抱え持っている、ということを前
提に、そこから触手を伸ばしていく、そのために言語を
駆使する、という感じです。言語だけではないでしょう。
全身を使い、時に財産も投入して、それを成すのです。

わたしはそれを成したい。

あなたもそうでしょう？

一緒にできるかどうかやってみましょう。さあっ！

そんな感じでしょうか。

まあ、ボチボチやってみよう。いずれ馴染んでくるさ、

08.1

お互いに。というような悠長な関係とは違い、その都度、感じ合う、達成を目撃し合う、という即効性があるように思います。

　今振り返ると、ペコちゃんに感心していたあの頃のわたし自身も、はるか遠くの存在に感じられます。

　ニューヨーカーは、恋人でなくても、誰彼に、しょっちゅう I love you. と言っています。わたしの周りにそういう人が集まっているだけかもしれませんが。

　わたしも言っています。まさか誰彼となく丁々発止の試合をしているわけではありません。誰との間でも、「あなたとの間にわたしは何を見たいと思っているか」を、その三語で伝え、自分でも確認しているのだろうと思います。

　そういう意味で、英語と共に暮らす日々とは、確かに、poke し合うものなのです。日本人同士で、日本語でそれを口にしたいと思っても、その思いに合う日本語は、今のところ見当たりません。

　ペコちゃんの帰国が決まったのは、１月の厳寒の最中

でした。居酒屋での送別会で、誰かが言いました。

「ペコちゃん、日本でも恋をしてよ。『寒いねえ』『冷えるわねえ』『今晩はけんちん汁か何かどう？』『おっ、いいねえ』。そんな会話も恋だよ」

彼女は、小さい声で、

「けんちん汁って何？食べたことないよ〜」

わたしはその時のペコちゃんの顔が忘れられないでいます。

ニューヨークで、役者として立ちたいという夢を早々にあきらめなくてはならなかったことが痛手だとはわたしは思いません。夢は砕かれなければ大きくならないからです。「わたし」が、「あなたとしか呼びようのない、見知らぬわたし自身」に出会うためには、夢は変態を遂げる必要があるからです。

でも、けんちん汁のことは。

残念なことに、ニューヨークの居酒屋にけんちん汁などというメニューはなかったのですが、そして、メニューにないものを会話に持ち出した人に、ちょっと腹を立てたことも覚えているのですが、帰国して、ペコちゃんが、これがけんちん汁なの、美味しいねえ〜と言

える機会があったことをどうしても願ってしまいます。
誰かに作ってあげたいな〜とも思ってくれていたら、
と。

　彼女は、日常のそんなささやかな「ツーカーの仲」が
欲しかったのではないかと、そんなふうに流れ出す優し
い気持ちを自分のうちに感じたかったのではないかと、
今も思ってしまうのです。

　帰属感というものは、帰属するところがある時には気
にかけないものですが、それを失ったと感じる時、奈落
を経験するのかもしれません。彼女が日本で、ホッと自
らを預けられる思いを持っていたらよかった、そうであ
りますようにと、わたしは、そう願う以外のことができ
ませんでした。

Manhattan Miracle!

09. 日本語じゃ恋はできない？②

　羽田からニューヨークへ戻る機内で、アメリカの人気テレビシリーズの「ディス・イズ・アス」を観始め、止まらなくなって観られるだけ全部観て、ニューヨークに着いてから、シリーズ全部を観通してしまいました。

　そうなるだろうなとは、観る前からわかっていました。ずいぶん前に、ニューヨークの市バスのお腹に描かれた広告写真を見かけた時から、「これは絶対わたしが"ハマる"ドラマだ」と思っていたのです。"ハマる"とわかっていて観ていなかったのは、単に"ハマって"いる時間がなかっただけの理由です。

　家族ドラマは数知れずあるけれど、このシリーズに特に心が動いていたのは、一目でこれが、1987年から始まったテレビドラマ・シリーズ、「サーティ・サムシング」の現代版なのだなと閃いたからでした。

「サーティ・サムシング」は、ABC ネットワークで 4 年続いた大ヒット・ドラマで、当時流行した、ヤッピーと呼ばれる 30 代の日常を描いています。日本でも、ずいぶん後になってから、その一部が「ナイスサーティーズ」というタイトルで放映されたのだったと思います。また、このシリーズをヒントにして日本を舞台に制作されたドラマもあったようですが、登場人物たちが同じ 30 代から 40 代でも、日常も内容もテーマもまったくかけ離れていたと記憶しています。

　わたしがニューヨークに住み始めたのが 1988 年なので、ちょうど、わたしの知りたいアメリカを、リアルタイムで見せてくれていたことになります。主要放送局で初めて男同士のベッドシーン（二人が共にベッドに横になっているだけのシーン）を見せた、"勇気ある"演出が、ニューヨーク・タイムズでも話題になりました。そんな時代です。とはいえ、わたしがこのドラマを本当に観始めたのは、夫（のちに元夫となった人）が日本に帰り、ニューヨークで一人暮らしを始めてからの、1990 年代の初めの頃、つまりオリジナルの放映は全シリーズ完結して後のことになります。

朝と昼と夜の三回、毎日再放送されるのを、ほぼすべて、観ていました。 朝昼晩のそれぞれ、別のネットワークが放送するので、どれも同時に観るとなると、時系列がめちゃめちゃになるのですが、どのページにも珠玉の言葉が連なっている詩を読んでいるのと同様、どのエピソードもわたしには宝物で、このテレビを観ることこそがわたしの人生と言っても過言ではない生活がしばらく続いていました。

　わたしは、このドラマで英語を覚えたようなものなのです。

　実の兄と妹が、I love you. と目を見つめ合うことを学びました。 お互いに生き方が違うからこそ、相手に対しての敬意と、「あなたを全面的に受け入れている」という表明のために、I love you. は使われるのでした。

　婚約破棄された青年が、相手の母親に会い、母親に、I'm sorry. と声をかけられて抱き合うということを学びました。 その I'm sorry. は、「うちの娘があなたを傷つけてしまって本当に申し訳ない。 母親として、何てお詫びを言ったらいいか」という日本語的な意味なのではなく、「本当に残念だわ」「残念な経験は人生にはあるわよ

ね。わかるわ。でもくじけないでね」という意味なの
でした。

　英語で生きるとは、日本語で生きるのとは違った人間
関係を生きることなのだと学んだのです。英語で I'm
sorry. と言う時、それは「申し訳ございません」ではな
いのです。ここにすっくりと立っている「わたし」が、
何かしらの問題に直面している「あなた」に、共感と同
情、励ましと信頼を送る言葉なのです。

　英語で I love you. と言う時、それは「わたしたち、同
じよね。わたしたち、一つよね。わたしたち、運命共同
体よね。あなたなしでは、もう、生きられない」ではなく、
あなたとは別の存在である「わたし」は、「あなた」を
全面的に認め、受け入れ、あなたの内にある愛の強さを
見ることを今、決意します、という意味なのです。その
決意をお互いに表明する時、そこに真の親しみが生ま
れ、安心して心を打ち明け合えるわけなのです。

　日本語は、相手との関係によって自分という存在の位
置が変わっていく言語です。英語は、誰との間に何が起
こっても、「わたし」は揺るがず、「あなた」も動きませ
ん。それは、店員と客との関係でもそうです。英語で

の店員の対応は、完全に対等です。客という神への対応にはなりません。

　日本語でも英語でも、その先に見ようとしているのは同じだと思います。二人とも一つの同じ生命であった、違いはどこにもなかった、心は完全に重なり合っていた、共に幸福な時間を共有できている、という実感です。でも、出発点が違うのです。

I love you. は、だから、日本語に翻訳できません。あえて訳すなら、「わたしはあなたです」ということになるでしょうか。

　I love you. と囁く恋は、日本語ではできないのではないかと思うのです。

　わたしは、90年代の前半に、テレビにかじりついて、そんなことを考えつつ、英語のボキャブラリーを吸収していました。その後、I love you. を、自分の恋の中で囁きもしました。

　そして今新たに、同じ30代前後の日常ドラマ「ディス・イズ・アス」に、かつてと同じものを観ています。アルコール依存症の夫は、どうしても酒を断てない心の弱さに、ついに家庭から逃げ出そうとします。妻は、

"Yes, you can do it. I am with you." と言って、別れようと
しませんでした。 それは、「この弱い夫を、わたしの力
で何とかしてみせる」という共依存の心情の逆で、「あ
なたは弱くない。 わたしは、その強いあなたを見届けて
いたい」という声明なのでした。 さまざまあるクライ
マックスの中でも、この夫が自ら依存から回復し、本来
持っている繊細で忍耐強い優しさをのびのびと発揮して
いくようになるくだりは圧巻でした。

　今わたしは、I love you. を大勢の人たち、あらゆる関係
の人たちに使っています。 日本語と英語の両方の世界
で、というよりも、二つの世界の間に生きているように
感じています。 それがどういうことか、自分でよくわ
かっていません。 だからこんなことを書いているのだ
と思います。

Manhattan Miracle!

10.
「わたしはアダム・ランザの
母です」

　ニューヨークの隣、コネチカット州の小学校で乱射事件発生。2012年の12月のことです。ニューヨークは広範囲にわたって、まさかのハリケーン襲撃にあったばかりの時期でした。家を失い物資も不足したまま冬を迎える人たちが大勢いました。ホリディ・シーズンのイルミネーションは例年通りキラキラ、チラチラ、瞬いていました。

　児童二〇人、教師六人が死亡した近隣での惨事に、ニューヨーク中が凍りつき、そしてたちまち繋がり合いました。

　繋がり合う、という現象は、2001年9.11のテロ事件から、わたしたちが慣れ親しんできたものです。具体的には、街のあちこちに灯されるキャンドルや花束の数々であり、公園に集まっての祈りの輪、そしてまた、バス

081

や地下鉄、路上やスーパーマーケットなどで通りすがり
に交わす視線です。

　あなたがそこにいてくれるのでわたしも生きていられ
る。
　わたしと同様、悲しみと恐怖を抱えているのは知って
いるけれど、それでもそうしてそこにいてくれてありが
とう。
　いつでも手を差し伸べさせてくださいね。

　物言わぬ視線を訳すなら、こんな感じでしょうか。
　湧き起こる悲痛が深ければ深いほど、わたしたちは、
それに取って代わる愛と喜びの経験を求めるものなのだ
と、私はニューヨーカーから学びました。悲痛な事件か
ら目をそむけて慰めを見いだそうとするのではなく、そ
の悲痛さのただ中を直視しながら、そこに、何としてで
も、喜びを見いだすという勇気を教えてもらいました。
　惨事の起きた小学校の、勇敢な教師たちは、わたしに
とっての教師でもありました。ほとんどが非常に若い
先生たちです。彼ら彼女らは、とっさに子どもたちを避

難させ自らが銃弾の的となりました。あるいは、「子どもたちが最後に聞くものが銃声ではなく、愛の言葉であるように」と願い、I love you. と繰り返し子どもたちに囁き続けた先生もいました。惨事の中の勇気と無私の愛の行為は、恐怖で凍りついた心の奥から自然に流れ出る、誰もが持っているはずのものなので、その宝物を目の当たりにすると、わたしたちは力づけられ、安心感が心に広がるのです。

　喜ばしいことであれ、悲しいことであれ、何が起こっても、そこに顔を出す優しいエネルギーを見逃さないこと。そして、それは、「あなただからできるのよ」ではなく、誰の中にも、自分の中にもあるものだと受け取ること。そのように踏んばると、悲しみや衝撃を通して、自他の中に等しく、信頼に足る力を見つけられるような気がしています。

　あなたにはできるだろうけれどわたしには無理、と決めつける自意識から抜けると、あなたにできた、つまりわたしたちにはそれができる、と、捉えられるようになります。そしてそのように捉えるから、日々が嬉しいものになるのでしょう。

ニュースにも、遠近法があるようです。ニュースの発生地が自分の身に近いほど、大きく反応するのが自然なことなのかもしれません。自国での惨事、自国民が巻き込まれた事件、ましてや知人、友人、血縁者、と自分に迫ってくるにつれ、影響はとてつもないものになり得ます。一方、遠く離れた人たちのことは、無関心になるか、事件全体の愚かさ、バカバカしさを眺めることになるのでしょう。

　この世の事件、事故、犯罪、災害、惨事、戦争、テロ、などのあらゆるものは、全体を眺めるなら、ただひたすら人の世の愚かさと滑稽さを映し出すだけのものです。例外なく、起こるべくして起こったものだからです。

　たとえば、アメリカで乱射事件が起こると、まず、銃規制の問題が騒がれます。また、処方箋薬の問題も再燃します。医者に処方された抗鬱薬、向精神薬が逆に作用して精神を錯乱させ、それが悲劇に繋がるケースが少なからずあるからです。事件の要因として挙げられるものは、もちろんそれだけではありません。宗教問題、精神病院の予算問題、親子カウンセリングの現場問題、学校の防衛問題、人種差別問題、ジェンダー問題……リス

トは延々と続きます。問題は山積みで、その山から現れるのが個々の事件です。

　また銃の乱射？言わんこっちゃない。アメリカは愚かしいなあ。

　対岸の火事と見る人なら、そう嘆くのではないでしょうか。

　火事が自分の岸に飛び火してくるのを恐れ、事件を直視する代わりに社会問題を攻撃するほうに向かうこともあるでしょう。

　そんな時、その人の心にあるのは、「どうやって自分（たち）を守るか」という思いです。その思いは「この世には、根絶しなければならない敵がいて、その敵がいる間は、何とかしてその敵を避け、自衛しなければならない」という、信念から生まれているはずです。

　それは、普段は気づかないふりをしていても、何か事件が起こるたびに意識にのぼります。日頃は見て見ぬふりをしているけれども、実は自分が、どれほど怖がりながら日々を送り、自分と自分に属する人たちを守らなければと戦々恐々となっていること、そして正直なところ、守りきれるわけがない、必ず守れるほど自分には力

がないと認めていること、だから、自分を守ってくれる強い力が要るのに、親、学校、会社、政治、どれをとっても、不完全なものであるばかりでなく、それらこそ敵そのものということだってある、という暗く救いのない思いが心の底にへばりついていることに気づかされるのです。

　出来事を外側から、遠くから他人（ひと）ごととして眺める時、わたしたちは、自分を安全な場所に置くどころか、ますます恐怖に追い詰めているようです。

　コネチカット州の小学校で銃を乱射したのは、アダム・ランザという青年でした。自身の母親も射殺し、自分の頭にも弾丸を撃ち込みました。

　事件のすぐ後、ある大学新聞に、職員の投稿記事が載りました。見出しは「わたしはアダム・ランザの母です」。

　筆者は、アダム・ランザの家庭と“同じ状況にある”と書くシングル・マザーです。精神的、機能的に問題があって、暴力を示すことのある子どもを持った母親が、“この子はいつかとんでもないことをしでかすかもしれない”という恐怖を抱えながら、あらゆる手を尽くしてはいるが、危険に直面し続ける日常に改善はないと書

き、「これは家庭内や医者との間では解決のできないことです。皆さんのヘルプが必要です」と訴えています。それぞれが孤立している状態から、心をオープンにし、手を取り合うことで、変えていけるという希望を呼びかけています。

　匿名記事ではなく、写真付きです。このように事件の現場から流れ出た勇気が連鎖し、膨らみ、立ち上がった人がいたことで、この後、大勢の人たちが手を差し伸べ合うことになりました。

　日本人が、世界に呼びかけたことも同じではなかったでしょうか。3.11の後、孤立した無力感こそを手放そう、と決意したのではなかったでしょうか。あらためて、それを心の真ん中に置きたいと強く思います。心に巣食う無力感に気づく時はいつでも、「わたしもまたアダム・ランザの母なのだ」ということを思い出すことにしたいです。

「アダム・ランザ」

　この鉤括弧の中には、他の大勢の名前が入ります。

　その名前の主を、恐怖と孤立の象徴として忌み嫌い、恐れることは、世界と自分自身、人生と運命を嫌うこと

です。

　わたしが「アダム・ランザ」の母ならば、もう一人の、別のアダムが事件を起こしたら、どうするでしょうか。どうしたいでしょうか。

　息子を、抱きしめると思います。振り払われても、しがみつき、息子の身体を離すまいとするでしょう。

　我が子を案じたり、将来を不安がったり、妄想したり、自責したり……そのように子どもと自分を隔てる思いを、自分の心から何としても取り払い、我が子を孤立させまいとするでしょう。

　そして、すべてのアダムを抱きしめたいと願うでしょう。すぐそばにいるはずの「アダム・ランザの母」たちと手を取り合うでしょう。

　いいえ、その時わたしがそうできるかどうかはわかりません。でも、そうできる自分でありたいと願っています。そうでなければ、最初のアダム、事件当事者のアダムは、いつまでも、犯罪者のまま、事件は悲劇のままで終わってしまいます。わたしは、アダムを、お互い隔たって怯えていた自分たちが、繋がり安心を共有するきっかけを作った存在として見たいのです。そう祈りたいの

です。

　犯罪とは違いますが、こんなお母さんが身近にいます。感受性が強く、頭脳も優秀、2ヶ月後にはコロンビア大学の大学院に進むことが決まっているお嬢さんが、統合失調症と診断されました。

　思いもかけないことで、打ちのめされたその当日のうちに、そのお母さんがしたこととは、泣くことでも泣き言を言うことでもありませんでした。

　統合失調症と診断された子どもを持つ親のための情報交換サイトを、ネット上に立ち上げたのです。
「いったいどうしたらいいの？」「これってどういう病気のことなの？」。何もわからず途方に暮れてしまい、自分がそうなら、同じように感じている人が他にいるに違いない、ならばその人たちと助け合いたい、と思ったのだそうです。

　心に打撃を受けた時、思いがけないことが起きた時、それを、自分一人に降りかかってきた特別な"自分ごと"と捉える代わりに、全員に起こり得る、実際に起こっている共通の課題として意識を広げる時、あらゆる出来事は、

力を再生するきっかけになり得ます。そしてその力は、分かち合われることで、多くの人を救うことになります。

　それを実践して見せてくれた彼女に脱帽し、手を合わせています。

11. デディケイト

Manhattan Miracle!

Dedicate.——捧げる。献身。専念する。奉納（リーダーズ英和辞典より）

わたしがニューヨークで覚え、頻繁に使うようになった言葉です。

全身全霊を傾けているもの、覚悟を持って行っていること、または、一生懸命になっているもの、というような意味と言っていいと思います。

自己紹介に限らず、自分の話をする時に、「今、何に専念し、何に全身全霊を傾けているか」を話すのでなければ、話したことにならないのではないでしょうか。

たとえば、わたしは1995年から『奇跡のコース』という心のトレーニングをするようになりました。

このコースは、ニューヨークのコロンビア大学心理学

教授たちを中心に生まれた、宇宙の真理、自身の真実を学ぶカリキュラムで、聖書のように分厚い書籍になっています。

丸1年ほどの間、文字通り1日中、起きている時間はすべて、テキストを読み、レッスンを行うことに費やしていました。日本語版はまだ出版されていなかったので、英語で読みました。よく理解できないことが多く、自分で日本語に訳しながらゆっくり読みました。訳した日本語を読んでもよくわからないことが度々で、また英語に戻って、意味を考えたりもしました。モタモタした学び、牛さんの学びになりましたが、聖書のように分厚い書物の一文一文を時間をかけて理解しようとする時間は、ただ、ひたすら静かな興奮の中にあったように感じます。

心に他思あらず。

他のことを片隅にでも考えていない状態。今吸収していることに1パーセントの疑いや迷いを差し挟んでいない状態。「これをすると何かが起こる／何かが得られ

る」といった未来へ流れる意識が完全に一掃された状態。今ここで理解することが完全な喜びである状態。

　それは、『奇跡のコース』より前に、辞書を引きながら何冊かの本を読んだ時にも起こりました。　さっさと読めない。　牛さん、はたまたカタツムリさんの読書。時に、遅々とも進んでいないように見えるほどのスローな読み方が、何よりも速く人生を進めてくれることになるとは。

　そうなのです。　人生の深海に潜って、泳いでいる感じなのです。　絶え間なくうねる波のある海面と違って、ぐいぐい進むのです。

　急がば回れとは、そういうことだったのでしょうか。

　外側に見える時間の流れと、内側で息づいている命の動きは、そんなにも違うものだったのでしょうか。

『奇跡のコース』の The first year は、dedicate した心の状態だけが、ずっと続きました。　抵抗が出るようになったのは、2年目からのことです。

　もたもたと遅い歩みで学んでいるわたしの心に、学びが少しずつ浸透してきて、心が緩み、オープンになり、その分さまざまな経験もやってきました。　それが怖く

なったのです。

当時は怖いとは気づきませんでした。ときどき投げ出したくなる日がやってくるのは、「これはちょっと理屈っぽ過ぎてわたしには合わないとわかってきた」からであり、「現実乖離している感じがしてきた」からであり、また「自分がいかにわからず屋でダメな人間かをしつこく言われ続けているようで不愉快」だからなのでした。

わたしたちが、何かを批判したり、分析しようとしたり、テレビのコメンテーターになりきったかのような態度で物事に接する時、それは常に、たった一つの理由からなのだということ、つまり、恐れがあるからだということを、認められるようになるまで、まだ時間が必要でした。

わたしは、

I'm lost.

と、ノートにメモしていました。

「ついていけない」「ついていきたいかどうかもよくわからない」という状態です。「混乱状態で、何をどうし

たいのかわからなくなってしまっている」という告白で
もあります。 できるのはケチをつけることくらい。 指
針を失っている状態です。 いいえ、失っているのは指針
ではなく、指針を見つけようとする意志です。

　そんな時、

I'm trying.

　という気持ちになったらもう大丈夫なのです。 見よ
うとするなら、指針は目の前にあるのですから。
　うつ状態がずっと続いていたけれど、ある日、「そう
言えば、ゴヤのファーストネームって何だっけ？」と思
いつき、それを調べに隣の書斎へ行った──その時、「あ
あ、自分は大丈夫」と安堵した、と詩作に残しているの
は飯島耕一氏です。
「いちごを食べたい。 買ってこよう」でもいいのだと
思います。小さい意志を心に見つけて、行動が伴ったら、
救われる、つまり、その先の方向が示されるようになり
ます。

I'm dedicated to learning.

I'm trying.

I'm lost.

　わたしのニューヨーク・ライフはこの三つでできていたなとも感じます。

　心のトレーニングはいまだ途上です。というより、人生とはトレーニングそのものなのだと、それだけはよくわかりました。そしてトレーニングは、つらいものではなく歓びとセンス・オブ・ワンダーの連続なのだということも。この気づきこそ、宝物です。

　たった今、この三つのうちのどの状態に自分がいるか。それもまた一つの自己紹介の仕方と言えるのではないでしょうか。

12. ミラクル・ボーイ

Manhattan Miracle!

　出かける時は、必ず公園を横切っていきます。そして気候がよくお天気がいい時は、少しだけ、ベンチに腰かけて、行き交う人を眺めます。

　わたしがニューヨークに住み始めた1980年代の終わりには、マンハッタンに危険な公園がいくつもあり、公園内の事件は夜だけでなく真昼にも起こっていました。今では、マンハッタンの公園はどこでも、"いかがわしい茂み"が一掃され、住民が安心して和める場所になっています。

　わたしが毎日通る公園では、ジョナス・メカスがよく定席にいました。ジム・ジャームッシュやスティーブ・ブシェミが歩いて行くのを見かけたことも幾度となくあります。もちろん、特に有名人ではない友人たちにもよく行き合います。皆、公園が好きなのです。

先週、家を出るのが遅くなって急ぎ足で公園を歩いている時、思いがけない友人に出くわしました。

　彼がマンハッタンの東側に来ることは滅多にありません。わたしがあまり西側に出向く機会がないのと同じです。

「ドラとクリストを撮りにきたんだけど」とカメラを見せるので、一緒にその二羽のカップルを探すことになりました。

　ドラとクリストは、この地域の住人で巣作りを手伝った時からずっと公園に住み着いている鷹の夫婦です。しばらく前に妻のドラが大怪我を負い、入院していた時、どこからかメスがやってきて、ドラの妻の座を奪ったことがありました。クリストにしたところで、ドラが入院中とは知らないわけですから、新パートナーを受け入れる以外の選択肢はなかったかもしれないのですが、回復したドラが戻ってきて、大バトルになりました。新参者は退散し、クリストとドラは元の鞘に収まりました。

　わたしたちが目を見張ったのは、以降ドラの性格が変わったことです。夫唱婦随でクリストの後を飛び、食事

の支度もクリストの役目と心得た過ごし方をしていたドラが、奔放に行動するようになり、自分でリスやネズミを捕まえるようにもなったのです。

　これはイースト・ヴィレッジの公園の話です。 クリストとドラという鷹の夫婦の日常を、地域の住人が見守っています。一喜一憂しています。イースト・ヴィレッジ新聞のトップ記事を飾っています。 そして時折それが、地域の外にも広がって、西側の友人をはるばるここまで連れて来ることもあるのです。

「ドラのストーリーをウェブ新聞で見たんだ。 彼女が回復した羽根で飛ぶのを撮ってみたくてさ」

　彼のバックパックのサイドポケットから、青いボトルが覗いています。

「まだ使ってるの。 ありがとう」

　もう10年も前に、彼が無収入でスターバックスのコーヒーも買えなかった時代に、プレゼントしたボトルです。 彼は毎朝自分でコーヒーを淹れて、ボトルを持って学校に通っていたのです。

　彼は成功したファッション・デザイナーでした。 名だたるメゾンのいくつかでチーフ・デザイナーとして活

躍してきました。どこに引き抜かれても、日常は大忙し、どこかの待合室に5分間座るのでも、コーヒーショップの列に3分並ぶ時も、手元は忙しく動き、スケッチやメールに真剣です。

それでも、早朝の瞑想が終わる頃、自宅にパーソナル・トレーナーが到着、エクササイズの後8時には出勤、週末は乗馬や陶芸、時にはクラシックカードライブと多彩な趣味を持つゲイの独身貴族でした。

その彼が、50歳を目前にして、大学院に戻ってまとまった勉強をしたい、ファッションの歴史を学びたい、特にビクトリア時代のファッションを詳しく勉強したいと思うようになりました。

長年一緒にやってきた瞑想の結果だと彼は言うのですが、どうでしょうか。瞑想するとかしないとかは別にして、いずれにしても彼が蓄積してきたものを一旦崩して人生を再構築する機会は、来ることになっていたのではなかったかと思います。

彼は最初に会った時から、「生きていること自体が奇跡なのだと思う」と言っていました。「それを目撃したい。もっと感じたい」とはっきりした目的を持っていました。

100

そのような、心の奥に潜んでいる切なる願いに意識が触れることによる威力には、ただただ、驚かされるばかりです。

　何をするにしても、目的がわかっていれば、物事は、筋道を失うことなく、遠回りをすることなく、速やかに進み、達成されるということを、わたしは大勢の人たちと一緒に経験してきました。北極星が見えていれば、嵐に遭い、航路を見失っても、迷わず北へ、つまり目的に向けて舵をとることができるのです。

　目的がわかっていることと結果があらかじめわかっていることは同じだという事実も判明しました。さらには、その結果は、「こうであったらいいな」とか「こうでなくてはならない」と心に思い描くことより、はるかに大きな成果となって表れるという法則も経験を通して知ることとなりました。真の成果、つまり、心から喜べる結果とは、自分一人の努力でつかみとり自分一人でほくそ笑むものではなく、この宇宙に満ちている、わたしたち一人一人の想像力を超えた叡智の力が、他の人々との出会いを通じてもたらされるもの、そしてその人々と共に分かちあうものなのです。彼は、そのような摂理を

実践して見せてくれるミラクル・ボーイズ、ガールズたちの一人です。

　彼は周囲の大反対の中、仕事を辞めニューヨーク大学の大学院に入学しました。

　50歳。無収入。学生。専攻は経営学などではなく、ファッションの歴史。彼はパーソナル・トレーナーについてのエクササイズをやめました。乗馬も陶芸も中止。友人たちとのファンシーな飲食もお預け。質素な学生生活の始まりです。朝は、自分でコーヒーを作って、マグカップを手にワシントンスクエア・パークを横切ります。その先のクラスルームと図書館で1日を過ごすのです。帰りには、チャイナタウンに足を延ばして安価な食材を買い、自宅で簡単なスープやラーメンを作ります。

　体重は日々減っていき、貯金もまた減っていきます。勉強の純粋な歓びに没頭していない時は背筋が凍るような恐れに苛（さいな）まれていると言っていました。ニューヨークのファッション業界の競争の熾烈（しれつ）さは世界一。脱落者を引き上げてくれる甘さはどこにもありません。勉強したからといって具体的な何かが得られるわけではな

く、また帰る場所がないという恐れもあります。

　優秀な成績で卒業した彼を待っていたのは、あちこち
の大学のファッション科——パーソンズや FIT も含ま
れます——の教職のポジションでした。 ちょうど経済
不況で、彼の退職を大反対した友人たちが職を失い、「せ
めて教職につけたらなあ」と嘆いていた年でした。

　彼はそこで、彼に与えられていた贈り物、今まで気づ
かなかった宝を自らのうちに発見することになります。
教える力、教師としての能力、教える喜びといったもの
です。 彼は本当に教師のポジションを楽しみ、生徒に頼
られました。

　そのうち、有名ファッションブランドが彼を発見し、
引き抜かれることになりましたが、「以前と同じような
仕事を繰り返したくない」と思っていたところ、その会
社はアジアに学校を作り、女子たちに学ばせ、自立の手助
けをする新規事業を始めることになるのです。 彼の教
師としての経験がそのまま役に立つことになりました。

　そうして太平洋を越えながら仕事をするうち、今で
は、ファッション業界とはまったく別の大企業や国際文
化交流事業に発見され、インターナショナルな土俵で、

さまざまなプランニングと教育事業に活躍しています。

　彼の目的ははっきりしていて、それは常に実現されてきました。でも、"それが何を通してどのように、どこで誰と一緒に実現されたか"については、思ってもみなかった形で、としか言いようがないのです。

　その"形"の訪れ方はあまりにでき過ぎていて、時に唐突で、でもいつでも嬉しい驚きをもたらすものです。

　そう、天の恵みとは、本当にでき過ぎているものなのです。わたしたちが受け取る意欲を持ちさえすれば、わたしたちの人生は、でき過ぎたものであるのが普通なのです。

　わたしは彼から、必要なものは必ず、必要なその時に与えられる、という信頼を教えてもらいました。

「長い一本の線を一生懸命歩いてきたのを、一旦断ち切って、その線上から離れると、そこにはまったく別の時間、どこにも線のない、ただひたすら四方に広がる空間が待っていてくれる、という恵み」もまた、やってみなければわからないということも教わりました。

「人生には"よきこと"だけが起こる、という確信」もまた。

あの頃、彼が公園を横切るのは朝 8 時頃だった、と思い出していました。白い息を吐き、黒い帽子のツバで冷たい小雨を受けて歩く姿が蘇ります。桃の花が春の気配を告げていました。長身細身の彼が素敵にまとっているのはグッチと MUJI をミックスしたファッション。手には自分で淹れたコーヒーでいっぱいにした温かいマグ。

　その心の風景は、ニューヨークの 10 年が、どれほど大勢のミラクルのためにサポートしてくれていたかをしみじみと思わせてくれました。彼をはじめとして、数え切れない人たちが、自分の思いに従い、不安を祈りの心で持ちこたえ、そして宇宙のサポートを受け取り、その感謝をこの世界に広げていることのありがたさが胸にしみ入るようでした。

　そして、幸せとか、人生の成功というものは、ただ単に感謝を分かち合えるということなのだなと感じられてくるのです。

Manhattan Miracle!

13. ミラクル・ガール

　15年ほど前に出会った彼女の名前を、サラ、としておきましょう。ペテルスブルク出身で、素敵なロシア名を持っていますが、アメリカでは、アメリカ用の名前を使っています。

　まずは語学学校の学生の身分で入国。1年の内に英語に磨きをかけ、1年の内に結婚相手を見つけました。その二つが、アメリカでの最初の1年の彼女の目標であり、それを果たしたのです。

　恋愛結婚ではありません。アメリカ人を夫としてアメリカの永住権を取るための結婚です。公のものではないですが、ロシア人向けの、永住権用結婚を斡旋する機関があり、そこにお金を払って、いわば偽装結婚をし、永住権を手に入れ、それから2年目に、やはり目標通りに、最高学府の一つハーバードのビジネススクールに入

りました。

　サラのような人がそれほど大勢いるわけではないのでしょうが、わたしがその頃立て続けに会ったロシア人たちは、皆、裕福な、または由緒ある家庭の出身で、若く、自国の学校で優秀な成績を収めていました。

　彼らの目的ははっきりしています。アメリカでよりよい学問を身につけ、箔をつけ、いずれ自国に戻り、一族の、ひいてはロシアのさらなる繁栄に貢献することです。

　それは彼ら自身の野心ではなく、親の、一族の、ひいては国家の"要請"です。彼らはそれに従い、任務をまっとうしようとしているのです。

　語学も1年で身につけますが、1年で、ハーバードの大学院でついていけるだけになるとはたいしたものです。

　彼らはまた、偽装結婚でアメリカ滞在の資格を取ることに抵抗を見せませんでした。

　アメリカ市民の配偶者は、永住権を取得でき、その後、望むなら市民権も得られます。アメリカにいたいけれどヴィザが取れない、結婚相手もいない、という状況で、

107

Manhattan Miracle!

ならば、アメリカ市民にお金を払い結婚したことにしてもらう、という違法のやり方が選ばれることがあります。かなり煩雑な契約で、婚姻関係にある証拠として共同名義の銀行口座も必要ですし、生活をシェアしている証拠を積み上げていなければ移民局に知られるところとなり、永住権は取れません。

それでも、永住権結婚は多くあります。さまざまな国籍の人がいるし、日本人にもいます。ただ、日本人の場合は、割りきった偽装結婚というコンセプトには少なからず抵抗があって、結局はその相手と恋愛をし、普通に結婚生活を続けることが多いように思います。

わたしの知るロシア人たちは違っていました。100万円相当の支払い額は、親元から送られてきており、それで結婚を"買い"、ほぼ2年を経て、移民局から永住権の最終認可を得ると、さっさと離婚します。100万円で手にした永住権で、学校を卒業し、高い地位に上り詰めていくための職を得るのです。

サラは、ハーバードを卒業すると、数年の内に、最大手の一つの投資銀行で働き始め、3年の内に部下と二人のアシスタントを得る地位まで行き、偽装結婚とは縁を

108

切りました。円満な離婚で、サラは離婚時にも、お礼と
して相手に何がしかの支払いをしていました。しかも
今度は、親がかりでなく、自分で払いました。すると相
手は、「成功おめでとう。少しでも役に立てて嬉しいよ」
と、豪華な花束で新たな旅立ちを見送ってくれたそうで
す。

　トントン拍子だったわけではありません。初期だっ
たので小さな手術だけで済んだものの、がんも患いまし
た。サラは、いくつもの波を心で乗り越えてきました。
歯を食いしばって耐えたり、策を弄して切り抜けたりす
る代わりに、あらゆることを心で受け止める、つまり、
障害や危機を、学びの機会、気づきのギフトとするとい
うことをしてきたのです。

　わたしも、彼女が「問題発生！」と言うたびに、
「Congrats!!（おめでとう！）」と、声をかけてきました。
問題がやってきておめでとう、それはギフトなのだから
ね、という意味を込めてのことです。

　サラは、ギフトとして見る、という意志を持てば、必
ず、「ほんと、あれもまたギフトだった」という結果に
なるということを、真剣に学び、それを分かち合ってく

109

れました。

　祖国での任務とまではいわないまでも、ニューヨークで学び働きながら、「祖国のことなど忘れた」と言う人には会ったことがありません。祖国は消滅した、という人はいますが、その人たちはなおさら、同胞のために、という思いが強い印象を受けます。

　それでも、サラのように、そのような"任務"に抵抗せず、反抗せず、持てる力を出し切ってやり遂げていく人には目を見張ってしまいます。もちろん抵抗がまったくなかったわけではありませんが、彼女は、そのようなことにエネルギーを注ぐ代わりに、任務遂行を通して、自らの学びを学ぶ、ギフトを受け取るということを喜びの糧にしたのです。

　彼女に対して、わたしは、おめでとう！と拍手を送る以外のことはしていませんでした。彼女の喜びを分かち合ってもらい、わたしのほうが支えられる一方でした。

　サラは、ロシア人と結婚し、子どもを二人持ち、家族

で祖国に帰っていきました。そして、4年前に、子どもを三人に増やして、ニューヨークに戻り、アメリカ市民権を取って、今度は夫の永住権のためのスポンサーになりました。

　仕事は、以前と同じ最大手の投資銀行に、ずっと上のポジションで入りました。リタイアしたら世界平和のためのNGOを立ち上げるつもりだと言っていましたが、40代の今、もうその準備が始まっています。

Manhattan Miracle!

14. 成功ばかりがある

　アラン・トゥーサンと言えば、ニューオーリンズ・ミュージック。そして、"ピアノの神様"。亡くなる少し前にコンサートに行く機会を得ました。場所はマンハッタン、ダウンタウンの「シティ・ワイナリー」。ニューヨークに数あるディナーショー形式のライブハウスの一つですが、その名の通り、ワインが売りで、アメリカのあちこちに葡萄園を持ち、独自のワインを造っている他、「あなただけのワインを造りませんか」と呼びかけてもいて、店の地下には、個人名の入ったワインの樽が大事に寝かされている部屋があります。ワインはともあれ、このような形式のコンサートのよさは、かぶりつきで観られるということに加え、演奏が終わると、ミュージシャンが店内に現れて、話をすることもできるし、ひょっとすると、一杯ご一緒できることもある、と

112

いうことでしょうか。 スタジアムクラスの会場を満席にする大物が来ることも少なからずあり、また、"往年の"と言ってしまっては失礼に当たるマリアンヌ・フェイスフルやジェームス・ブラッド・ウルマーなど、共に同じ時代を生き抜いてきた客たちとさまざまな思いを一つにして盛り上がっていくのがまたスリリングです。全員の思いがアーティストを励まし、刺激し、もっといける、もっともっと！というエネルギーになるのです。ステージと観客の区別がないところが、ニューヨークのライブハウスの特徴です。 もう20年も前、『ラストタンゴ・イン・パリ』の音楽で知られるガトー・バルビエリが、演奏後ステージのすぐ前に陣取っていたわたしたちのグループに歩み寄り、「ねえ、あの三曲目のテンポ、どう思った？少し変えてみたんだけど、どうなのかな？」と、まるでプロデューサー相手に訊くように話しかけてきました。 その境界のなさ、対等さ、オープンさに驚きました。

　世界中をツアーしているアラン・トゥーサンが久しぶりにニューヨークに来るというのに加えて、「もしかしたらこれが最後かも」という予感が皆の中にあり、チ

ケットは即完売でした。およそ三百席、立ち見客もかなりいて、その客層は、老若男女さまざま。

アラン・トゥーサンは、休みなく、そして時に、これでもか、というスピードで鍵盤を叩き続け、また、撫で続けました。旋律は心の襞を滑らかに、あるいはギザギザと通り過ぎていき、彼と共に、会場の全員と一緒に、宇宙を旅している感覚に入って行きます。食べたり飲んだりしながら耳を傾ける、などという類の演奏ではないのです。全身全霊で向き合うしかなく、その場の全員がそうなので、ますますそのエネルギーは高まっていくのです。

彼は2005年にニューオリンズでハリケーンに被災し、しばらく精神的に音楽活動ができなくなりました。そこからの復帰です。その回復の力が、どの音にも均等にくまなく込められていて、客は皆、ワインどころか息を飲み込むことすら忘れているかのようです。

彼はきっちり1時間、ピアノから手を離しませんでした。それから水を飲み、ピアノに手をついてゆっくり立ち上がり、休憩の告知をするのかと思ったら、

「さて、誰かここで弾いてみたい人いない？」

そんな"ピアノの神様"からの呼びかけに、あちこち
のテーブルから一ダースほどの手が挙がり、仰天してし
まいました。

　三百人の中に、アラン・トゥーサンのステージで、ア
ラン・トゥーサンの客の前で演奏してみせる勇気、さら
には、震えるほどの演奏の後を引き受ける自信のある人
がこれほどの割合で存在するとは。

　そしてわたしたちの隣のテーブルでは、若くて髪の長
い、ほっそりした、若いアジア人女性が、仲間に背を押
されています。本人はダメッというジェスチャーをし
ているのに、周りが、やれよ、やれよ、と熱心に声を上げ
ています。

　アランがその様子を見つけて、すかさず、「君、上がっ
て」。彼女は、観念したようにステージに出て行き、ア
ドリブで弾き始めました。

　次の瞬間には、ブラボー！ブラボー！の嵐。彼女の演
奏の高度なテクニックはもとより、その味わいの豊かさ
に、ステージ脇の椅子に腰を降ろしていたアラン・
トゥーサンが一番驚いたのかもしれません。彼は目を
まん丸に見開いて、シャキッと立ち上がり、しばらく彼

女の音楽に身を浸し、そして、やおらピアノに近づくと、彼女の隣に座って、二人で即興の連弾を始めたのです。またしても、速い、速い、速い！強弱の波は激しく、またなだらかに。彼女もまったく負けていません。二人は完璧に調和しています。会場は、もう熱狂の渦。

　どの分野でもニューヨークはとにかく才能の層が厚い、ということを、ずっと目撃し続けてきました。カーネギーホールで演る人だけが成功しているのではなく、ブロードウェイに出る人だけがアメリカンドリームを体現しているのではないのです。どんな小さな場所にも成功者はいて、そこで誰かの心のドアを開け、共に宇宙を旅しています。それができること、それを楽しみ、大事にし、誰とでも共有する気前のよさがあること、才能を誰かに与え、受け取ってもらうこと、それがニューヨーカーにとっての成功なのです。成功者は、そのように成功することによって、成功を人にも手渡し、増やしていくものなのです。コンサートの観客となったわたしたちも、その成功を受け取って、成功者の心を胸に抱くことで、自らも成功者となるのです。つまり、人生に祝杯を挙げることができるのです。

116

　アドリブ演奏を終え、大拍手の中を恥ずかしそうにテーブルに戻った彼女の声を耳にして、日本人とわかりました。話しかけると、今は演奏活動よりも、ご病気の妹さんを想い、祈り、有機野菜を育てることに専念している、との答え。それでも未練がましく、わたしは彼女の名前をグーグルで調べてみました。もっと彼女の演奏が聴きたいと思って。できたらCRSに招きたいと思って。すると、Yokoというニューヨークのジャズピアニストは、何人もいるではありませんか。どのYokoがそのYokoさんなのか見当がつきませんでした。やはりニューヨークの才能の層は厚く、成功者は大勢いるのでした。

Manhattan Miracle!

15. アンとリラ

　この夏、友人のアンがついに亡くなりました。享年75歳。

　ついに、というのは、アンが長く患っていたからそう言うのですが、けれどそれは彼女が晩年を病院のベッドで過ごしたということではありません。

　彼女は、自宅で、いつものように晩にベッドに入り、そして眠っているうちに旅立ったのです。そして最後の1日のうちの数時間を、彼女はやはりいつものように自宅にしつらえたアトリエで創作に励んでいました。

　アンは、幼少の頃から、「いつ死んでもおかしくない」と言われていて、腎不全、皮膚結核、その他いろいろがいつも彼女と共にあり、わたしが彼女を知ってからの十数年のうちにも手術や入退院が何度も繰り返されました。小学校も「まともに通えた学年がなかった」と言

118

います。

「でも、父がね、よかったなあ、アン。入院中はいくらでも好きなだけ本が読めるなあ、と言って、病院の近くにある図書館の図書館員の女性を病室に連れてきてくれたのよ。その女性も父と同じように、アン、よかったわねえ、毎日、いくらでも本を持ってきてあげるわね、何て。それで、わたしも、何だか、よかったなあ、と感じていたの」

　アンは、そう笑うのです。

　よかった、よかった、と言われながら、病院のベッドで大量の本を読破した少女は、長じて、ニューヨーク・タイムズに寄稿するフリーランス・ジャーナリストになりました。

　マンハッタンのイースト・ヴィレッジにあった、かつての彼女のワンルーム・アパートメントは、四面の壁が本に埋もれていて、その部屋の中心に、机とタイプライターがあり、アンは、ニューヨーク・タイムズの編集室で朝の５時頃まで過ごしてから部屋に戻り、昼過ぎまで本の谷間にひっそりと横たわったベッドで眠ると、午後から勢いよくタイプライターを叩く、という生活を続け

ていたそうです。

　彼女の最初の結婚相手にはすでに男の子がいて、アンは、病気と仕事と夫と息子を抱える生活に入りました。「わたしは病気があるから、とても子どもは望めなかったけど、何もしなくても、わたしの息子は、向こうから来てくれたのよ」

　晩年まで近く親しくしていた義理の息子さんのことを、アンはそのように語ります。結婚生活のほうは、間もなく打ち切られ、彼女は再婚し、その相手には、二人のお嬢さんがいました。二度の結婚のおかげで、アンは「三人の子どもに恵まれることになったのよ」。

　アンは、ジャーナリストとしての仕事を精力的に続けながら、キルティング・アートを真剣に学び始め、40代に入ってから、本格的なアーティスト活動に入ります。わたしは、彼女の作品を目の当たりにするまで、本当に緻密な作業とセンスを要する、ハイレベルのアートとしてのキルティング作品、パッチワークを見たことがありませんでした。彼女の友人の、亡くなったご主人のネクタイ・コレクションを使い尽くして完成させた壁掛けもあります。彼女の作品に使われる布には、必ず、"人生"

120

が入っているのです。

　再婚相手のディヴィッドは、「定年になったら俳優になる」と決めていて、定年を迎える数年前から演劇学校に通い、実際に俳優に、そして芝居の演出家になった人です。 アンはそれを面白がって、彼が、生徒としてではなく教師として学校に迎えられるようになった時、彼が教える演技のクラスに興味を持ってときどき参加していたと、先日行われた、彼女を偲ぶ会で聞いて、仰天してしまいました。彼女は、生涯にわたって、体調を理由に、何かをあきらめることをせず、いつも活発に動いていた人でした。

　ジャーナリスト、二度の結婚、パッチワーク・アーティストとしての生活、そのすべてにわたって、彼女の身体から痛みと不自由さがなかったことはありませんでした。 CRS で個展をしてもらった時、彼女は毎日通ってきて、観にくるお客様お一人お一人をもてなしました。展覧会を終えた翌日、心臓移植の手術を受けました。 いつも人々に心を開き、好奇心と創造性を抑制することがなかった彼女に魅了された人々は多く、偲ぶ会には、ジャーナリズム関係者、出版関係者、劇場関係者、美術

館、ギャラリー関係者、医療関係者、それから子どもたち、孫たち、等々が数百人も集まりました。

わたしは、その会のちょうど1週間前に、カンザス州の小さな町で、リラという女性の100歳のお誕生日を祝う会に参加していたのですが、彼女は、二人の夫を看取り、最初の夫を亡くした後に開いた食堂を、47年間、一人で切り盛りし、娘三人を育て、寄付を集めるイベントを企画しては、町に老人ホームを建て、新しい学校を作り、町の主要道路を整備してきました。その間に自身ががんを患い、手術と抗がん剤治療を受けるということも乗り越えてきました。その日100歳を迎えるリラは、朝の内に美容院で髪をセットし、お洒落に装い、お嬢さんに頼んでおいた新しいイヤリングのデザインが「イマイチ」なのを気にしているのでした。

アンとリラは似ているなと思います。彼女たちに似ている、彼女たちより若い人たち、地上に生きている人たちを、大勢知っているなとも思います。

その人たちは、身体の痛み、病、身内の不幸、その他さまざまを、「幸せになれない」「やりたいことができない」言い訳に使っている気配を見せません。病や惨事、心痛

む出来事は、第一に、あって当たり前、第二に、幸せや喜びとは関係ないもの、なのです。

　人生の大事なことは、皆のために老人ホームがあったらいい、と考える、この思い出の布を作品にして差し上げたい、と考える、その心にこそ関係があるのでした。

　心身に受ける痛みのせいで気が弱くなるのではないのでしょう。気が弱っていると、痛みが厚い雲となって、人生の輝きを見えなくしてしまうので、地上の物事に押しつぶされるように感じます。でも、生きるとは、地上を身体が動き回ることではなく、地上に心の光を放ち分かち合うことなのだと思います。

Manhattan Miracle!

16. パトカーに囲まれて

　CRS がおびただしい数の警官とパトカーに囲まれたことがあります。

　CRS に来る人たちには事情がよくわかっている方もいれば、「いったいどうしたのですか⁉ まるでテロリストを取り囲んでいるみたい！」と、驚く方もいました。

　CRS のすぐ近くに、ユニオンスクエア・パークという広場があります。60 年代はルー・リードがドラッグ売人の歌の舞台にした場所、アンディ・ウォーホルのファクトリーがその一角にあった広場、反戦集会のメッカとなった公園、さらに溯ればティファニー宝石店が最初にオープンした場所。

　今は、公園の北側にディパック・チョプラのお洒落なスペースがあり、そこから南に下って、ささやかなわたしたちの CRS までの間に、おびただしい数のセラピー

／ヒーリング・オフィスやヨガスタジオがひしめき合っています。

　各国料理のレストランも揃っています。 地元のわたしたちだけじゃなく、旅行者がお土産やエコバッグを買いにきて、いつも混み合っているホールフーズ・マーケットとトレーダー・ジョーズもあります。 週三回、ファーマーズ・マーケットが出て、いつも大賑わい。 わたしも、卵と野菜と果物をここで買っています。 ハムやバターを買うこともあります。 植木や切り花もここです。 お店の人と顔馴染みなので、間違った買い物をしなくてすんでいます。ここでしか手に入らない野菜もあって、年に2週間しか時期がないという紫色のアスパラガスは、初夏の楽しみになっています。

　公園は、四季を通じて人が集まり、歌ったり踊ったり、映画のワンシーンのようなのですが、パトカーと共に大勢の警官が集まっていたその時期は、連日、公園で抗議デモと集会が行われていました。

　白人警官が黒人を射殺し、不起訴になった事件に対しての抗議運動です。

　そのような事件が全米で相次ぎ、それに対しての抗議

デモと集会が、連日、近くのユニオンスクエアで行われていました。暴動に発展するのを防ぐ、という理由で、警官たちが待機しているので、パトカーだらけだったというわけです。

この抗議運動は、特に、ミズーリ州で起こった事件後、黒人を射殺した警官が無罪になったことに関するものです。

路上駐車の場所がまったくなくなってしまうほど、どの一角もパトカー、護送車、ポリス・バイクで埋め尽くされ、そして大勢の警官たちが、1日中たむろしていました。抗議運動がどこかで始まれば、ただちに出動できる態勢を取っています。

ミズーリ州の事件とは、2014年8月、18歳の黒人青年が、「警官を殴り、銃を奪おうとしたために発砲し射殺した」と警察側が主張したものです。一方、現場にいたその青年の友人は、彼は手を上げて無抵抗だったと言っていて、両者の証言は正反対でした。いずれにしろ遺体には何発もの銃弾が撃ち込まれていました。

その事件のすぐ後にも似た事件があり、そして11月には、エアガンを持っていた12歳の少年が射殺される

ということが続きました。

　なぜ白人警官が、黒人に対して"誤った発砲"を繰り返すのでしょうか。 人種差別でしょうか。

　警官は発砲するだけではありません。 殴るし、蹴りも入れます。 また、警官は、黒人に対してだけ、そうするのではありません。 他の人種、たとえばアジア人にも同じことをします。

　ある中国人のレストラン経営者は、マンハッタンの通りを渡っている時、たまたま通りかかった警官に注意されました。 そこは、横断歩道ではなく、本来は渡るべきところではないからで、それはジェイ・ウォークと呼ばれて、一応は禁止されています。 ところが、その中国人の男性は、おそらく英語がよくわからなかったのでしょう、返事をせずにそのまま通り過ぎようとしました。 警官は彼を路上に叩きのめし、重傷を負わせました。 その件でも、警官の非（やり過ぎ）は言及されていません。

　警官だけのことでもありません。 1992年、ルイジアナ州に留学中の16歳の日本人少年が、ハロウィーン・パーティの訪問先を間違え、その家の主人に侵入者と勘違いされて射殺されたという悲劇が起こりました。 相

127

手は、フリーズ！（動くな！）と言ったというのですが、少年は「パーティに来たのです」と、にこにこしながら近づいていったために至近距離で撃たれたのでした。この事件も、判決はいったん無罪となりましたが、遺族と友人たちの粘り強い行動によって、その後有罪（罰金刑）が確定しました。

いつまでも繰り返される事件。

問題はどこにあるのでしょうか。

銃が問題でないことは確かです。何が銃を凶器にさせるのか。その何かを見なければなりません。

その答えは、警官自身がくれました。

わたしの住まい周辺が管轄の若い警官が、友人の息子だったことがあります。彼がいきなり訪ねてきて、「この地区の管轄になった。これからは僕が君を守るよ」と、頼もしいことを言ってくれたのですが、その新米のおまわりさんは緊張と興奮を全身に漲（みなぎ）らせているようでした。

しばらくして、その両親宅でのバーベキュー・パーティで顔を合わせた時、彼が打ち明けてくれたのです。警官であることに誇りを持っている。「でも、怖い」。

ニューヨークの警官がストリート・ギャングに撃たれる事件があったばかりでした。

　警官が、怖い、などと漏らすのですから、その怖さは、そこはかとした、といったものではないでしょう。"パニックに陥るほどの恐れ"に違いありません。

　わたしが学んでいる『奇跡のコース』は、アメリカの多くの刑務所内でも学ばれています。その繋がりで、何人かの終身刑の囚人、一人の死刑囚と文通をしています。その人たちの刑は殺人罪、それも警官殺しがほとんどです。

　このことは、警官と、警官を取り巻く世界が示しているものは、わたしたちに何か大事なことを喚起させてくれてはいないでしょうか。

　それは警官だけではないということ。誰もが、馴染みのない、見知らぬ他人に対しての恐れが心の中にある、つまり、いつも緊張状態にさらされている、だから咄嗟に、"自分の身を守るための攻撃"に出るのではないかということを。

　相手を見知らぬ他人と見なすなら、怖がらないわけにはいきません。相手にどう思われるか、受け入れてもら

えるか、はたまた、歓迎できる相手かどうか、そのような ことを、心の中で身構えつつ接する、ということは、日常でよく起こっているのではないでしょうか。

　わたしたちは相手を蹴ったり打ったり、ましてや殺しはしないかもしれません。でも、自分を守るために心の中でだけであっても、相手を攻撃している、そのような緊張が、人との間に溝を作り、差別を生み、格差を生じさせ、犯罪や戦争に繋がるのではないでしょうか。

　ニューヨークは、馴染みのない人たちが始終出入りをしている場所です。人種も入り乱れています。だからこそ、積極的に安心と信頼を贈り合おうとする人も多いのです。

　実は怖いと口を滑らせる若い警官も、そのように声に乗せることで、少しでも信頼関係を自分の周りに増やしたかったのだろうと思います。

　CRS では、その日、おびただしい数の警官たちと顔を合わせるたび、心の中で Thank you! と言うことにしました。

「わたしたちの心の中にあった恐れを思い出させてくれ

てありがとう。見知らぬ他人など存在せず、誰もが、同じように幸せと平和を求める兄弟姉妹なのだということを思い出させてくれてありがとう」

という意味です。

心の中だけで言っているのですが、通じています。警官たちの顔が優しくなるのです。会話も生まれます。さらには、わたしたちの心からも恐れが消えて、「人を怖がらなくていい」という気持ちでその日が送れることを、喜び合いました。

文通相手のある死刑囚は、警官を「二人殺した」と書いていました。一度目の刑期を終えてから、また事件を起こし、次は死刑確定になったということです。

その人からの手紙は、端正な手書きで、いつも長いのです。何が書いてあるかというと、その時心にあるものを片端から淡々と綴っている、という感じです。まるで晴れた日の庭の様子を、右端から順に伝えてくれている、というような。「マリーゴールドが咲いた。カンカン照りの下、オレンジ色が輝いている。その左にはマグノリアが……」というような調子で、「二回目の時は、

僕の友達が車の向こう側で二人の警官に二人掛かりで殴られていて、近づこうとした僕に気づいた警官の一人が腰の拳銃に手をかけたのを見た。ほぼ同時に、車の座席にバットがあるのを見つけて、咄嗟にそれを取って警官の頭に振り下ろしていて……」と書いてきます。「僕が攻撃しなかったらどうなっていたかって？それはわからない。そのようには考えないよ。過去を変えられたかもしれないとは考えないんだ。考えてもしょうがないこと、無駄なことはもう考えない。僕には時間がたっぷりあるから、だからこそ無駄に時間は使わない」。

　一度、「あなたはわたしより寛容な人だと感じる。自分に対しても、人に対しても。人生に対しても、世界に対しても」と返信したことがありました。その答えはこうでした。

「もう少しマシな刑務所に移してもらいたいと思ってるよ。それが唯一の願い。でもその時は、こいつらも一緒にと言ってやりたい連中はいる。その程度の寛容だよ」

Manhattan Miracle!

17. 非日常の出来事と日常の経験

　ニューヨークのラガーディア空港からセントルイスに旅した時のことです。

　午前 10 時のその便の搭乗口は大騒ぎになっていました。オーバーブッキングで席の取れない人が二〇人以上もいたのです。

　航空会社は、不参客を見越して定員を超えた予約を取るようですが、アメリカの国内線は、そのために乗れない人が出るのがしょっちゅうです。

「別の便に変更してくれる人はいませんか」

　繰り返しアナウンスが流れます。変更になると、航空券のクーポンや空港内での食事券がもらえます。急ぐ必要のない人は、「じゃ、変更します」と進み出て、さっさとクーポンを受け取り、食事券を握りしめてレストランに向かいます。

たいていは、数時間以内に同じターミナルから次の便が出るので、それでことなきを得ることが多いのですが、その日は、変更しようにも、別便がありませんでした。「夜まで待って、二都市を経由して明朝到着できる便」か、「バスで別の空港（JFK インターナショナル空港）に行って、一都市経由して夜中に着く便」があると言われて、じゃあそうしますという人はそこに一人もいませんでした。

　アナウンスは、実はあと一席残っている、と言います。一人の 10 代の女の子が「夕方、おばあちゃんのお葬式があるの」と涙声で叫びました。「ではあなた、乗りなさい」ということになり、彼女は機内に招き入れられ、最後の席が埋まりました。途端にブーイングです。「嘘つき！」「夕方から始まる葬式なんてあるわけない！」。口々の文句をよそに、機体のドアは閉まり、行ってしまいました。

　係員は、わたしたちを何とか捌かなければならず、別の航空会社に電話をして、空きのある便がないかどうか尋ねています。その間、別の係員が繰り返し、一人一人の名前を呼び、生年月日を叫ばせて、乗客情報の確認を

取っています。

　誰もが、人前で、自分の生年月日を大声で叫ばなければなりません。 それも何度も。 すると、わたしとまったく同じ日に生まれた女性が人混みの向こうにいるではありませんか。 彼女もほぼ同時にわたしの存在に気づいたようで、わたしたちは、自然に近づいて声を掛け合いました。 背の高い白人女性で、独り暮らしのお母様を１ヶ月に一度訪ねているのだそう。

「あの係員のやり方では拉致があかないわ。 自分たちでやらないと」

　と言って、携帯電話で、別の航空会社に自ら連絡をとりました。 手短に事情を説明し、セントルイスへの直行便と可能な席数を尋ねます。 そして、

「この電話とってちょうだい。 アメリカン航空よ。 午後６時に直行便があって、八席も空いているって」

　係員に携帯を手渡しました。

　彼女の機転によって、わたしを含む八人が、その便の搭乗券をもらえる保証書を手に入れることができました。

　こういう場面は、アメリカでは珍しくありません。 シ

ステムに頼らず、自分の力でその場を切り抜けることが。あるいは自分からシステムに働きかけて、ことを動かしていくということが。

　もうお昼を過ぎていました。皆、お腹が空いています。八人のうち五人は、食事券でのランチにダッシュしていきました。ただ、わたしと彼女、エミリーと、エミリーの行動に惹かれてそばに来ていた、わたしたちより16歳若いジョン（生年月日を皆覚えてしまうほどだったのです）の三人は、「これでホッとするわけにはいかないね」「これは保証書と書いてあるけど搭乗券ではないものね」と同意し、まずはアメリカン航空のターミナルに移動し、搭乗券を手に入れようということになりました。

　シャトルバスで移動し、チェックインカウンターに行くと、何ということでしょう。「そんな話は聞いていない」「あなた方の名前はどこにも出てこない」の一点張りなのです。

　その時、ジョンは、言ったのです。
「僕たちは、9時から4時間以上頑張ってる。やっとここにたどり着いたんだ。君は、僕たちのために立ち上がってくれないかな。協力してくれないかな」

136

この一言で、その若い女子は、急に生き生きとし、背筋が伸びて、「やってみます！」と、カウンターを飛び出して行きました。

　そして、搭乗券を三枚手にして、戻って来たのです。「ありがとうと言うのはわたしのほう」と言いながら、手渡してくれました。「わたしの立場で上に掛け合うなんてことしたこともなければ考えたこともなかったわ。本当に望めばできるんだってわかった。教えてくれて感謝しています」

　彼女は日頃、「やらされている仕事」をしているのかもしれません。今日は、「自ら進んでプロジェクトをやり遂げた」達成感を得ているのかもしれません。

　そのような機会を彼女に差し出したジョンはあっぱれです。その機会を受け取った彼女にも拍手です。

　このように嬉しいことがあると、後は放っておいても次々と嬉しいことが降りてくるのは経験でわかっています。

　午前９時に空港に到着したエミリーとジョンとわたしは、午後５時、搭乗口近くのバーで夕陽を眺めながら乾杯しました。エミリーは、今頃は、セントルイスのお母

様とレストランに向かっているはずでした。ジョンは、今日のビジネスミーティングを終えているはずでした。わたしは、セントルイスの美術館を楽しんだ後、『奇跡のコース』のカンファレンスのオープニングに出席しているはずでした。でも、わたしたちは、今日という日を無駄にしたとはまったく感じていませんでした。自分たちでこの夕方の乾杯を導いたという満ち足りた感覚、航空会社の犠牲にはならなかったという喜びを分かち合っていました。

そして、わたしたちの便がセントルイスに着く時、雨がちょうど上がったところで、空港を取り巻く平野に、完全なリングになった世にも珍しい虹を見ることになったのです。祝福の虹だねと言い合いました。

わたしたちは、「それぞれニューヨークに戻ったら、また乾杯して旅の報告をしあいましょう」と約束し、それぞれにタクシーに乗ってお別れしました。

この日の出来事は日常的なことではありませんが、受け取ったこと、経験したことは、まさにニューヨーカーの日常です。このような、ちょっとした積極性で物事は進み、このような協力を通して恵みを受け取ることがで

きるのです。エミリーとジョンとは、ごくたまにですが再会の集いをしています。エミリーとは、毎年誕生日におめでとうとメールし合っています。

Manhattan Miracle!

18.

On behalf of 〜
「〜に代わって申し上げます」

　友人の高齢の父上が亡くなり、母上一人がニューヨーク郊外の大きな邸宅に残りました。 友人が実家に戻ってそこから通勤するのでもよかったのですが、彼女の説得によって、母上は家を売り、マンハッタンにアパートを買って移って来ました。

　もうじき80歳。 フリーランスで料理の本の編集をしています。 クッキング・スクールで教えているのは菜食ですが、感謝祭には七面鳥、クリスマスにはハムを中心としたご馳走を用意してもてなしてくれます。

　本の編集部も、週三回のファーマーズ・マーケットも、スイミングプールも、大型書店も、新居の窓から見下ろせる距離にあります。

　向かいの公園で毎朝気功をするグループに参加するようにもなりました。 そして夜はしょっちゅうお出かけ

です。芝居、コンサート、レクチャー等々、気楽に一人で楽しめる行事は365日、ほとんど歩いていける距離、地下鉄でも20分圏内にあるのです。

　彼女はヴァン・ゴッホの研究家でもあり、アートの専門誌に論文を載せたこともあります。教室で巻き寿司の作り方を教えているのは、ゴッホが日本画に影響を受けていたことで、彼女も日本の勉強をし、それで寿司も巻くようになったのです。わたしはゴッホも巻き寿司も好きなので、どちらもユダヤ人の彼女に教わっています。わたしが代わりに教えてあげられることはないのですが、日本に関係していてわたしが行けるイベントがあると声をかけて、予定が合えばエスコート役になります。

　それにしても、ニューヨークのシニアには、なぜこんなにも知的好奇心が旺盛で、その好奇心を満たし広げていく活力のある人たちが多いのでしょうか。

　たくさんの刺激が近くにあるから？

　つまり、マンハッタンが小さいから？

　それもあるかもしれません。

　とりわけ健康だから？

18.

Manhattan Miracle!

彼ら、彼女らは、「そう、健康です」と答えたいです。
2週間に一度の病院通いをしていても。何度目かのがん
の手術を控えていても。杖なしでは歩けなくても。そ
れらは単に身体の機能のことであって、健康な人生の息
づきは失われていないのです。

　その秘密は、たぶん若い頃から繰り返し使われて習慣
づけられた意志の持ち方にあるのではないかと思ってい
ます。

　つらい、疲れた、痛い、ということに意識を向ける代
わりに、これを知りたい、誰かと一緒に笑いたい、とい
う思いに焦点を合わせる意志の使い方が身に付いている
と感じるのです。

　ジャパン・ソサエティで『アメリカの汚名』（白水社）
の著者リチャード・リーヴス氏がその新刊についての講
演をした時も、他の友人も交えて、彼女とご一緒したの
ですが、その時も、わたしは実は少し驚いていました。

　彼女が目の小さな手術をしたばかりだったということ
もあるし、その講演が、日系アメリカ人が、第二次大戦
中に強制収容所に送られていたことに関するもので、そ
の内容は、彼女の人生とは "あまり関係がない" もの、

術後に出かけて行くほどの重要性が想像できないもの
だったからです。

　氏の講演は、わたしにとっては万難を排してもいかな
ければならないものでした。　というのも、第二次世界大
戦時とその後の日系アメリカ人に関してのさまざまなこ
と、特に第二次世界大戦時に収容所に強制連行された多
くの日系アメリカ人についての調査が、わたしのライフ
ワークのテーマの一つとなっているからです。
　それがなぜライフワークに？たまたまアメリカ在住の
二世の方々との交流があったから、というだけの理由で
す。　でも、ライフワークでも、職業でも、人生の道行き
とは、そのようなものではないでしょうか。

　リーヴス氏はピューリッツァー賞受賞のジャーナリス
トです。　わたしは、数々の著作を持つベストセラー作家
が戦時の日系アメリカ人に起きたことをわざわざ書き起
こした理由を知りたかったのです。彼の扱ってきたテー
マと比べると、かなりマイナーですし、特にタイムリー
な時期でもなかったからです。

答えは、拍子抜けするものでした。

「誰も知らないから」

　そして、

「誰も知らないので、同じことがまた繰り返されるかも
しれない。それを避けなければと思ったから」

　誰も知らない、ということにわたしは驚きましたが、
彼の言う「誰も」は、アメリカ人のことを指しています。
「でも、日本人も知らないのでは」と、ふと、思いました。

　知らない人がいるわけがない、というのはわたしの思
い込みではないかと。わたしだって、先ほど書いたよう
に、"たまたま"知る機会を得ただけで、わたしが無知
なことも世界には山ほどあるはずです。

　スパイク・リーの『マルコムX』（1992年製作）を上
映したニューヨークの映画館で、大勢の黒人の子どもた
ちが「こんな人がいたなんて知らなかった」と驚いてい
るのを目の当たりにして仰天したことがありました。

　かくいうわたしは、その数年前に、別の媒体でマルコ
ムXを知って、こんな人だったのか！と仰天していたの
でした。

　スパイク・リーの映画を通してマルコムXを"観た"

人たちの中で、何人が、「あの映画で彼のことを知った」と後に言うでしょうか。引っかかることになっている者だけが、そちらに導かれていくのだと思います。別なものに引っかかって、そちらに進む人たちが大勢いる中で。

　どんなことでも、それは"たまたま"という偶然の積み重ねであり（たとえば、「自分の意志でニューヨークに移り住んだ」と思い込んでいても、実はそれは、たまたま、の積み重ねでそうなった、というような）、そして、さらに、その"たまたま"を通過することで、「知ることになっている人だけがそれを知ることになる」ということではないかと思うのです。

　そして、"たまたま"何かを知る時というのは、自分を取り巻くあらゆることが、自分に「これを知りなさい」と囁きかけているのに気づいた時、その声を意識が捉えた時のことなのだと思います。たまたまその時その映画が大ヒットしていた、ということも含めて。

　マルコムXにしても、強制収容所にしても、ニューヨークという場所にしても、いくつもの"たまたま"が

やってきて、それにわたしが引っかかり、それらを今、知るようになっているわけです。

ニューヨークにいたから日系アメリカ人の歴史に触れた、とも言えるし、わたしがニューヨークに来た理由の一つに、それに触れるという目的があったとも言えるでしょう。わたしが日本人として生まれた理由も、この時代に地上にいる理由も、その他のあらゆる背景の理由はここにあったのかもしれない、と。

すべては、何かがあってここに来た、というような、一本の線で繋がるものではなく、あらゆるもの、見かけも時空間もばらばらなものが、いつも、一つにまとまりたがっている、お互いに呼び合い引きつけあっている、その伸縮運動なのではないかと思うことがあります。

自分の背景の理由を、わたしたちは知らないのです。それが一つの出会いのきっかけになり、人生の目的を照らし出してくれるものを発見するまでは。わたしたちは、自分の性格がなぜこうなのかという理由を知りません。なぜゴッホや巻き寿司が好きなのか、なぜニューヨークに住む成り行きになったのか、なぜ今ローザ・ルクセンブルグを読んでいるのか、なぜまたもう一枚の

「うさと服」を買っているのか、何も知りません。わかっているのは、それらすべてが、自分を何かに差し向けているということだけ、シンクロニシティの囁きがあるということだけです。

あらゆるものはシンクロニシティであり、唯一無二のタイミングでそれぞれの事象が交差していると思います。そこから気づきを得られるよう、心の目を開いていたいものですが、とても全部に気づくわけにはいかず、少しずつ気づきを得る修業をしていくしかありません。

その修業中に何かが"引っかかって"も、それらを完全に知っているとは言えないので、「もっと知りたい」ということになっていきます。

何かを知っている、とは、それをもっと知りたいと願うこと。

ちょうど、

愛するとは、もっと愛したいと願うこと。

と、同じように。

　知ることと、愛することは同じで、どちらも、限界が
ありません。

　わたしが"たまたま"出会うことや受け取る情報と、
その中で、わたしが"引っかかって"きたことには、わ
たし自身の意志はまったく関わっていません。　どれも、
「そうなっているのだから受け取るしかない」という感
じです。"あらかじめ、引っかかるようになっているの
だったら抵抗しても無駄"と言ってもいいでしょう。

　だから、やはり、人生のシナリオはすでに書かれてい
るのです。　宇宙の叡智が、わたしにそれを受け取らせ、
その完全調和の中で小さなパートを請け負わせるので
す。　わたしたちは、その、請け負ったものに責任を持つ
だけです。

　知るということは、「マルコムＸに代わって、申し上
げます」と、彼の後見人になるということと言っても言
い過ぎではないような気がします。

「全日系アメリカ人、否、全日本人の思いとして、この
ようにお伝えいたします」と言ってはばからなくていい

ほどに、知るということではないかと思います。

「ニューヨークのよいところもよくないところも知り尽くしている気がしますが、まだまだ知らないことばかり、もっとニューヨークから学びたいです」と、謙虚になることでもあると思います。

　講演にご一緒した友人のお母さんは、「来てよかったわ。誘ってくれてありがとう。日系アメリカ人のことも、強制収容所のことも、ほとんど知らなかったのよ。知らないことを知るって本当に楽しいことだわ」

　そう、楽しいこと、でいいのだと思います。何かを知って、そこからまた好奇心が再生され、そして自分がより健康になればいいのだと思います。

　わたしが知覚することはすべてわたしの責任。それは、「日系アメリカ人を強制収容所に連行して、申し訳ありませんでした。すべてわたしの罪です」ということではまったくなく、「そのような過ちを犯すのは自分も含めて誰も同じ。まっすぐ過ちを認め、心を正して、二度と繰り返さないようにしたい」と願うことではあると思います。

「引っかかってしまうのはしかたない」と書きましたが、

引っかかるはずのところをスルーしてしまう、ということも、多々あると思います。わたしにも、山ほどあると思います。それは、「見つけてね！」と、そばにそっと置かれた贈り物を、他のあれこれの思いで心をいっぱいにしているために見逃してしまった、ということでしょう。

見逃しても、運命はあきらめないので、また巡ってくるし、時間が無駄になるということでもないので、心配しません。とはいえ、日々を、見逃すだけで過ごす代わりに、受け取り、よりよく知り、より深く愛し、より確信を持って、On behalf of 〜（〜に代わりまして、〜のために）と言いたいとは思っています。

リチャード・リーヴス氏の講演に一緒に行った友人の一人は、戦前にニューヨークで生まれた人で、両親はハンガリー人と日本人です。小学校時代に第二次世界大戦勃発。日本人の血が入っているという理由でクラスメートに散々虐められ、ナイフで脛を刺されたこともあります。教師からは、「日本に帰りなさい。生命を守ってあげられる約束はできないから」と言われたそうです。

そんな人と会ってしまったのです。まさかその人を

「知らない」ままではいられません。もっと知りたいと自然に気持ちが動きます。その人をよく知り、愛したいとハートが望んでしまうのです。願わくは、On behalf of 〜と言えるくらいになるまで。

18.

Manhattan Miracle

Manhattan Miracle!

19. 本当の自分史

　ニューヨークのマンハッタン島は、アメリカン・インディアンの想念というか、その痕跡が色濃く残っている場所だと感じています。

　わたしだけでしょうか？

「そう思わない？」とずいぶん大勢の人に聞いたはずですが、さて、皆から同意を得たかどうか、定かではありません。

　ヒーラーのお仲間たちにも、当のアメリカン・インディアンの子孫たちにも聞いてみました。「そうだね」と返事が来るのですが、その意味するところがどのくらいわたしの感覚と一致しているか、よくわかりません。

　はっきりさせる必要はないし、そもそもそんなことははっきりする種類のものではないのだと思って、そのままにしてあります。

今日は、早朝５時過ぎ、ドアのノックの音で目覚めました。

　外に立っていたのは５階の住人パトリックで、早くにごめんねと。１階のマークが危ないと。顔も洗わず髪もとかさず着替えもせずカーディガンを羽織り、サンダルを引っ掛けて階段を駆け下りていくと、ジェラルドがいつもの冷静な表情でわたしたちを招き入れてくれました。

　酸素チューブをつけてベッドに埋まっているマークは呼吸するのも精一杯です。両手を使って短いヒーリングをし、それから皆で祈りながら救急車の到着を待ちました。

　マークは精神科医でブロードウェイの脚本家でもあります。彼とはご近所付き合いが長く、よく本やDVDをもらっていました。ジェラルドは60歳を過ぎてからできたボーイフレンドで、最近一緒に住み始めたばかりでした。マークは２週間前まで元気だったのに、急に倒れて皆をハラハラさせていたのです。

　マークとジェラルドが病院に向かってから、わたしと

パトリックは、すぐ近くのスターバックスの店先のベンチに座ってコーヒーを飲みました。目の前の公園の柵を、鳩とリスが忙しく出入りしていました。清掃車が作っていった小さな歩道の水たまりに鳩が集まっていました。昨日の晩は、公園にいっぱい蛍が出ていたね、などと話しながら、ジェラルドが連絡をくれるのを待っていましたが、彼もわたしも仕事の時間になり、別れました。

マークが持ち直して心配無用と連絡が入ったのが午後になってからで、わたしはそれから今日の最初の食事をしたのでした。サーモンの大きな切り身をステーキにして、山盛りのサラダと一皿ランチになりました。

今、オフィスで半日を振り返るとこんなふうになり、早朝ノックで起こされて友達が危篤、午後２時にサーモンを焼いて、というと、普段の１日とずいぶん違うようですが、いつもとまったく同じ日常でもあるのです。

オフィスの窓の外が屋上になっています。今わたしは、そこで鳩が五羽、水浴びをしているのを横目でチラチラと見ながら机に向かっています。夕立が上がり、窓

154

際の、コンクリートが少し凹んだところに水がたまって、そこに鳩が集まってくるのです。

　窓の上方では近所のいくつかのビルの端が空を切り取っています。どれも古いビルで、煉瓦色の角が重なる向こうに、日が落ちる前の陽射しが広がる空、そこに浮かぶ満月の一夜手前の月が見えます。

　夕立がしょっちゅうあるわけではないし、いつも鳩が集まってくるわけでもないし、陽射しの中に月が浮かぶのを見るのは稀ですけれども、全体的には、いつもの窓の外なのです。

　刻一刻のわたしの身体の動きや位置、目に見える形や耳に飛び込む音などは、一つとして同じ瞬間はないはずですが、肝心の心の風景、心の動きは、緩慢に、同じことを繰り返しているようです。

　そのほとんどが、些細な、どうでもいいことでしょう。目が覚めて、「え、もう朝か」「何時かな」「喉が渇いた」「お天気はどうかな」などと心の中はチラチラと動いて、その動きは文字通り、十年一日のごとく、なのだと思います。

　だから「考えるに値することを考える時間を1日の5

パーセントでも持つようにすれば人生は好転していく」
などと言われるのですけれども、考えるに値することと
いうより、心休まり温かい気持ちでいることを、自分の
スタンダードと決めて、心の状態を常にそこに戻していく習慣、そのために有効なやり方を持っておくのがいいのではないかと思っています。

　いずれにしても、外側の出来事をなぞるならいつもとは違う１日も、心の内側で今日を振り返ると、たいていは変わりがありません。

　わたしの今日という日は、表向きのものと、内側のものと、二つの異なった時間の流れと共にあり、表向きはどうであれ、内側の流れは、ほぼ同じことの繰り返しです。迷いにハマり、元に戻ろうとし、戻った安堵を嚙みしめる、という繰り返しであったり、胸の塞がる思いがする、祈る、恵みを受け取る、という反復であったり、と。

　ニューヨークにも、表向きとそうではない歴史があると思います。

　表向きの歴史は、公に記述されていますから、一目瞭然です。ときどきそれが、書き換えられ、間違いが認め

られたりすることがありますが、基本的に同じもので
す。表には出ない"内側の歴史"は、どこにも体系だっ
た記載がないので、心の中で想像力を膨らませ、感じ取
るしかありません。

アメリカン・インディアン（ここからは、ネイティブ・
アメリカンと記すことにします）の思いや歴史もそうで
す。記述されているネイティブ・アメリカンの歴史は、
ネイティブ・アメリカンではない人たちによるものなの
で、内側の歴史には触れられていません。

自分の内側もよくわかっていないのに、歴史上でしか
知らない人たちの内側など、どうやって知ることができ
るというのでしょうか。

正史。それから、叛史。

わたしは船戸与一氏の著書でこの言葉を知りました。

正史とは、表面にあって、大多数が「これが、自分た
ちの歴史だ」と思い込んでいる歴史のこと。そして、そ
の歴史は「強い者が勝つ」というただ一つの論理によっ
て編まれ、人々が無邪気に受け入れているもの、と、氏
は書いています。

叛史とは、正史から意図的に排除された歴史、正史から見るなら影の歴史、自分たちに叛く歴史であり、そして叛く側、影の側から見るなら、それこそが真の歴史ということになります。

　正史に残るネイティブ・アメリカンの物語は、事実からは程遠く、よって、その事実を誰かがきちんと辿り、そこから、真実を見ていかなければならない、ということを、氏は『叛アメリカ史』（ちくま文庫）の中で書いています。

「強者が勝つ」という正史が、人類の歴史であり、それがこの世界なのだと思い込むなら、自分の人生の歴史もまた、その論理によって編まれ、信じられていくに違いありません。

　とはいえ、"強者"によって切り捨てられた者たちが弱き者だというわけではないはずです。

　正史に残るかどうかの分かれ目を探っていくと、歴史の要所に関わっているのは、ほんの些細な心理の動きや、気候変動、地殻変動、細菌への免疫力といったもので、それらに決定された歴史上の「勝敗」は、勝者というものを存在させたいと欲望する人のためだけの概念に

過ぎないとわかります。その場で動いた、それぞれの心模様の中にこそ、学べるもの、分かち合えるもの、従えるもの、つまり実質と生命があるはずなのです。

アメリカ史ではなく自分の個人史を考えてみるとそれが理解できる気がします。

自分の半日、または半生を振り返り、さまざまな出来事を羅列し、「よかったこと」「よくなかったこと」「成功したこと」「失敗したこと」「嬉しかったこと」「悲しかったこと」というように歴史を編んでいくならば、そこからは、間違いなく“本当の現実”がこぼれ落ちています。

正史の視点でものごとを見ようとするなら、真実など見えないのは当然のことではないでしょうか。正史の意識から知覚する時、つまり、「自分の勝敗の物語」としてものごとを見る時、わたしたちは真実を見られません。

心に勝ち負けは存在しないし、そして、わたしたちは心でできているからです。歴史は、心のものであって、形あるものではないのです。真実、つまり、本当に自分に起こったことは、形のさまざまの中に探しても、そこにはないのです。

19.

159

Manhattan Miracle!

一番シンプルな個人史は戸籍でしょうか。

出生。
死亡。

この二つの記載で事足りる一生も可能でしょう。結婚や出産、養子縁組、離婚などで少し行が増えたところで、たいして複雑になるわけでもなさそうです。

履歴書になると、もう少し色がつきます。最終学歴や、陸上全国大会への出場歴や、走り高跳びの一位メダルや、東京都からもらった表彰状のようなものも加えられるかもしれません。

もう少し個人的に年譜を作るなら、自動車の免許取得、サーフィンで大怪我をしたこと、父親の死、家を購入したこと、等々が連なるかもしれません。多彩なイベントを持つ人は長い年譜になるでしょうし、「わたしの半生はあまりにも平凡で書き入れることなどあまりない」と言う人もいるでしょう。

いずれにしても、その年譜は、自分自身を少しでも表

しているでしょうか。年譜の長短と、その人の人生の充実度、波乱の度合いに接点はあるのでしょうか。

　人生とは、自分に起こった出来事、または自分が起こしたかに見える出来事で構成されているものではないのでは？"平凡な"出来事しか経験していない自分とは、平凡で語るに足らない存在ということではないのでは？輝かしい出来事の羅列が、輝かしい人生でもないのでは？まったくのところ自分とは、出来事の総体のことではないのではないでしょうか？

　自分の一生が、誰の目にも明らかな"事実"の中に全部収まるわけはないでしょう。

　誰にでも、自分の年譜には載らない歴史。表向きではない歴史。たぶん、人の知らない歴史。または、誰かにそっと打ち明けた断片で成り立っている歴史があるはずです。

　親や学校や上司や国家権力に刃向かおう、立ち向かおうとし、達成感あるいは敗北感または清々しさ等々の結果を得た歴史が。意識することもなかった心の歴史が。

　子ども時代幸せだった、辛かった。思春期に異性にモテた、モテなかった。高校受験に合格した、失敗した。

就活に成功した、落ちこぼれた。病気になって回復した、しなかった。事業に失敗した、成功した。破産した、貯金が 1000 万円に達した。というような年譜から離れて、誰かを好きになった時の気持ち、恋に破れた時の気持ち、一生懸命打ち込んだ仕事をやり遂げた時の気持ち、人に理解してもらえなくて一人涙した時の気持ち……気持ちの歴史を綴ってみたら……自分の歴史とは、ある振幅の繰り返しであり、それは、自分の心の中で、いつも、何かが、何か同じもの、何かとてつもない力を持ったものが、芽を出そう、伸びよう、広がろう、としていることと、それに怖気づく思いがその力を押しとどめようとしていることに関わっているのではないかと気づくことにならないでしょうか。

　人生とは、怖気づく思いが引き下がり、芽を出している力が伸びやかに広がる瞬間を目撃するということの繰り返しとも言えるかもしれません。怖がりの自分の思いを脇に置きたいという切なる祈りそのもの、でもあるでしょう。

　わたしの心の習慣は、一言で言えば、祈りです。朝起きてまずしていることは祈りです。儀式のように行っ

ているわけではありません。 目覚めるとすぐ、大勢の顔
が浮かんできて、多種多様の "問題" が浮かび上がって
くるので、心配したり右往左往したくなる前に、心を穏
やかな、覚めたものに戻さなければならず、そのために
5分ほど祈ることもあれば、1時間近くかかることもあ
るのです。

　時間がかかっても、無駄にはなりません。 形に見える
成果があるとも保証されていませんが、驚くべき手応え
は、いつもあります。

　祈り始めには意識にのぼらなかった大勢の人たちの力
が自分にやってくるのを感じるし、その力が、あらゆる
心と繋がり感じ合える次元に、意識と感覚を鋭くしてく
れるのがわかるのです。 祈りを通して、自分自身の、そ
してあらゆる人のもう一つの歴史、内側の歴史に繋がれ
ると感じているのです。 そして自分と他者の区別が判
然としなくなるほどに、心に力が満ちる感覚に包まれる
のです。

　今日の祈りはすごかった、今日はダメだった、という
ようなことはありません。 いつも同じように満たされ
ます。 天国の祖母の声をよく聴きます。 マンハッタン

の地盤の声を聴くこともあります。 その声は、ネイティ
ブ・アメリカンの驚くほど躍動的なエネルギーとともに
届きます。その声はこんなふうに言うのです。聞こえ方、
言葉のリズムはいろいろですが、内容はいつも同じで
す。

　わたしは、こんな、代わり映えのしない心の反復を大
事にしたいと思っています。

　あなたはわたしたちの夢の中で、あなたの夢を見てい
ます。

　夢を見続けなさい。

　幸せな夢を見なさい。

　夢が幸せなものでなくなってきたら、別の夢に切り替
えなさい。

　そうしたい時にはいつでも、目を開ければいいのだと
覚えておきなさい。

Manhattan Miracle!

20. 隣人たち.

　5階の住人パトリックは、かつて、有名ファッションデザイナーのファッション・ショーのヘアを務めていたヘアスタイリストです。またかつてはお洒落なドラッグクイーンでした。わたしたちの住まいのビルの屋上で、それぞれの住人たちが独立記念日の花火を見るパーティを開いた時に、わたしが浴衣に締めていた作り帯を、可愛い、可愛い、と連発するのであげたことがありました。彼は（彼女は？）その帯を、黒人しか持ち得ない細くて硬くていかようにも膨らませられる髪の、てっぺんに乗せて、夏の間ずっと目立った姿で夜更けに出かけていました。それがきっかけの、20年来の友人です。その後、ドラッグクイーンはやめ、お母様の介護に明け暮れる年月を経て、今は愛犬と一緒に早寝早起きの生活をしています。夜の9時には寝てしまいます。わたしは、

2ヶ月に一度くらい、彼の就寝前ギリギリに駆け込んで、ヘナ染めをしてもらっています。毎回彼の好きなコロナビールを持っていくので、2人とも飲みながらのヘナ染めです。わたしは頭を動かせないので、ストローで飲みます。

　彼の部屋のすぐそばで、夜中の3時頃に"事件"が起きたことがありました。大きな音で目を覚まし、ドアをそっと開けてみると、どうも、何人かの警官が、エレベーターを使わずに階段を駆け上がっていったようです。何があったのでしょう。周りの部屋のドアも開いています。誰も顔を出しませんが、皆同じ状況だということがわかります。乱暴な足音と怒声に起こされて、いったい何事かとそっと覗き、聞き耳を立てているのです。
「こいつだ、こいつが押し入ってきたんだ！」
　その声の感じと方向から、4階のあの人かな、と見当がつきました。ワンフロアに8世帯しかないビルなので、だいたいの住人の顔はわかるのです。朝の8時過ぎにネクタイを締めて出勤する30代のビジネスマンです。
「押し入ってなんかない！」

と、別の男性の声。

「何だと⁉ 入ってきたじゃないか！」

　住人の声は動転して裏返っています。

　しばしの沈黙があり、それから、警官らしい冷静な声。

「どうやって入ったんだ？」

　見知らぬ声の答え。

「合鍵を使って」

　住人の叫び。

「合鍵なんて持ってるわけないじゃないか！大嘘つき！」

　警官の声。

「……どうして入ったんだ？」

　見知らぬ声。

「……愛してるから……」

　その後の長い沈黙にしばし付き合ってから、各ドアが閉まる気配がし、わたしもドアを閉め、鍵をかけ、チェーンをかけて、もう一眠りのためにベッドに戻りました。

　後日、別れたらすぐに鍵を取り替えるのは基本だ、彼はそれを怠った、と言ったのはパトリックでしたが、当の二人は、その時から「よりを戻した」そうで、結婚し

て子どもを養子にとって家庭を築くべく、マンハッタンから出てクイーンズに引っ越していきました。

そのビジネスマンと同じ名前の、もっと若い青年が、わたしの隣の部屋に越してきたのは、それから数年後のことです。南部の州からグラフィックデザイナーとしての職を得て初めてのニューヨーク生活なのだと自己紹介してくれました。彼はまず、ベッドだけを部屋に入れて、週末には、入り口のドアを開け放し、窓から流れ込む初夏の風がベッドの上を通り過ぎるのを楽しみながら、ベッドで読書に耽る午後を過ごしていました。

窓の向こうに公園の緑が見えて、その青年の周りにアラバマの空の雲がふわりと浮いているような印象がありました。

その部屋のドアが開け放しにならなくなり、代わりに週末にはモーツァルトが漏れ聴こえ、ベーコンの焼ける匂いも漂ってくるようになった頃、新しくできたガールフレンドを紹介されました。週末ごとに彼女が泊まりにくるのですが、やがて、二人はブルドッグを飼うようになりました。名前は彼の大好きなミュージシャンか

ら、マイルス。マイルスと若いカップルと、エレベーターでよく行き合いました。

それからどのくらい経った頃でしょうか、「そう言えば、マイルスはどうしたのかしら」と気づき、それを言うなら、そのカップルとも行き合わなくなっていました。

そして、週末、モーツァルトの代わりに、ラップミュージックが聴こえてくるようになったのです。でも、ベーコンの匂いはなし。

ついに再会した彼は、ボーイフレンドと一緒でした。彼がニューヨークに移り住んでから、1年も経っていません。そしてちょうど1年後、アパートの更新前に、二人で暮らすと言って、やはり引っ越していったのです。

ニューヨークに来ると皆がゲイになるのだなどと言っているのではありません。また、隣人たちの性的嗜好を一つずつ挙げていこうとしているわけでもありません。もしそれをやろうとしたら、そのカテゴリー、そのリストは延々と続き、ついに、カテゴリーにははめられない実にさまざまな嗜好が、抑圧から解き放たれ、発見され、

変化し成長しているのだと言うことに気づくことになるでしょう。性別ですら、二つに一つ、と簡単に区別がつかなくなっていますし、ニューヨークには、男女を何回か入れ替えている、というツワモノさえいるのです。

　ツワモノと言えば、数年前までわたしの真下の部屋に住んでいたペギーは、ビル内だけでなく、地域の有名人でした。お年はおばあちゃんですが、誰も彼女をそのように見る人はいません。しばらく前に、ニューヨークのシニアの女性の見事なファッション写真が、その彼女たちの天晴れな生き様を映し出していて世界中で評判になりましたが、そんな写真の中の女性たちに似ています。ただ、写真集の彼女たちがシックなら、この隣人、ペギーは、チープシックです。ブランド品は一切見当たりません。お金をかけず、端切れやガラクタをどこかから集めてきて、それを組み合わせて自分だけのファッションを仕立てていました。帽子から靴のかかとやつま先まで、色とりどり、さまざまな材質の端切れやらボタンやらピンやらが盛大に飾られていて、誰にも真似できない、彼女にしか似合わない、唯一無二の装いをしていました。

お年は、75歳と言う人もいれば、83歳と断言する隣人もいます。本人は決して年齢を明かしません。

元ミス・コネチカットだということは、ペギーがいつも証拠写真を持っているので事実のようです。それに、プロポーションがよく、肌が際立って綺麗なのです。「Yasuko、化粧品は絶対使っちゃダメ。わたしは水とオリーブオイル以外は肌につけたことがないわ」と言っていました。

チワワと暮らしていました。溺愛していた犬の名前はマネ。マネが風邪をこじらせた時、動物病院の医者にかわいそうだからと頼み込んで、さっさと眠らせてしまいました。わたしたちがあっけにとられている間に、別のチワワを飼い始めました。そのチワワ二世、モネを連れて買い物から帰ってくると、ペギーはモネを廊下に置いたままドアを閉めてしまい、モネがきゃんきゃん泣くのを、わたしたち隣人の誰かが聞きつけて、彼女のドアをどんどん叩いて知らせてあげるということがしょっちゅうありました。お耳が少し遠くなっているのです。

そして、やっとノックに気づいた彼女は、ドアの隙間からモネを滑り込ませて、「今彼氏が来ているからまた

後でね」と、囁いて、さっと奥に引っ込んでしまうので した。

　ホラだよ、ホラ。

　それが隣人たちの一致した判断です。

　週に二回、彼女より若い女性たちが訪れます。自宅で、 エクササイズを教えているのです。見たことはありま せんが、レオタード姿で指導するのだそうです。

　化粧品は使うなと言い、服やアクセサリーは自作する 彼女は、でも、『コスモポリタン』誌の愛読者でした。数ヶ 月遅れの、角がボロボロになるまで読み込んだ雑誌を、 わざわざわたしの部屋に届けてくれていました。当時、 わたしはビルの住人で一番の年少者でした。ペギーは 周りを見回して、わたしこそ "コスモポリタン世代" と 判断したのだと思います。「捨てるのは勿体ないからね」 「でもあなたは捨てていいからね」「あげたい人がいたら あげていいからね」などと言って持ってくるのです。

　その雑誌には、毎号、「あなたのモテ度判定」「あなた の結婚指数」などといった、テストというか、ワークと いうか、ペンを持って自分で印をつけていくページが どっさり入っていました。そして、ペギーが持ってくる

雑誌には、必ず、彼女の手による印が、しっかり入っているのでした。

　自分の結婚指数を調べて？それとも、磨いて？いるうち、心臓が弱ってきて、ペギーは入院し、その間、パトリックがモネを預かって、耳掃除や歯磨きや、予防注射や、さまざまなケアを密かにしてあげていたようでした。

　ペースメーカーをつけて戻ってきたペギーは、「これでわたしはマラソンだって出られそう！」と溌剌として、自慢のファッションで近所を歩き、カフェや、バーにまで行って、彼女が言うところの「不滅の心臓」の威力を満喫していました。

　そのうち、驚くべきことが起きたのです。

　ビルに新しく引っ越してきた若い男性が、ヴォーグ誌のフォトグラファーでした。彼は、近所をスキップするように軽やかに歩き回るペギーを毎日目にするようになり（ウィンクも送られていたという噂もあり）、そのお洒落センスに強い印象を持ちました。

　彼からヴォーグ誌の編集長にペギーのことが伝わり、彼女は１年後の９月のパリ・コレクションに招待され、

しかも、スペシャル・モデルとしてランウェイに登場することになったのでした。 もちろん、彼女のお手製のファッションで。 そしてモネを抱いて。

　それから数年、ペギーが亡くなった時、わたしたちは、彼女に娘がいたこと、その娘が、遺体を引き取るのを拒んだことを知りました。

　ペギーは、家族指数、結婚指数が低かったのかもしれません。 でも、わたしたち同じビルの住人は、彼女をからかいながら、彼女を気にかけ、彼女にセンス・オブ・ワンダーを分けてもらう、幸福な交流をしていたと思います。それに何より、晩年、彼女はファッション・ショー、それも世界一の晴れ舞台で、大勢の美男美女に迎え入れられ、また、彼らをその胸に、不滅の心に、抱きかかえたのです。

　わたしたち隣人は、ほんの少しずつお金を出し合って、近所の公園に、ささやかな彼女の碑を刻みました。コンクリートに名前を彫っただけのものですが、水の溜まったその窪みに嘴を差し入れている鳩を見るたび、彼女の、ボタンでできた指輪や、艶々の肌を際立たせてい

174

る緑色がかった瞳(ひとみ)が蘇ってきます。

　ペギーのことを思い出していると、同じビルの住人のあの人やこの人の、楽しい逸話がいくらでも心に浮かんできます。ビル内の世帯は、家族もいれば、カップルも、シングルも、いろいろです。銀行員や国連職員もいますが、自営やアーティスト、ファッション関係者と、ライフスタイルもさまざまです。そしてまた、出身国が多様です。さらには宗教の違いもあります。前述したように、セクシュアリティも異なっているわけで、これだけごちゃ混ぜになっているから、逆に心地よいのだろうか。皆が心地よさ、優しさを求めるから、それを経験するのだろうか、あるいは、単に、日常の基盤は友情、ということがここに表れているだけなのかもしれないとも思うのです。

21. AMARAという祈り

　CRSのスタジオ。木曜晩。

　わたしたちが、祈りの態勢に入り、AMARA、と呼びかけると、その光が見えてきます。AMARAは光なのです。

　光が姿を現すと、その光がこちらに届きます。

　ゆるやかに旋回しながらやってきて、そっと触れられるような時もあるし。

　勢いよくくるくると回ってこちらをめがけ、わたしがそのスパイラルの中にすっぽり入ってしまうのを感じる時もあるし。

　まるで光の花弁に潜んでいた何かから重量のない手が伸びてきて肌を撫でられる、というような感覚を受け取ることもあるし。

　いずれにしても、やがて、わたしは、AMARAの光の中で溶けてしまいます。

AMARA の光を浴びる。

いわば、AMARA 浴です。

光を浴びながら、メッセージが来るのを待ちます。

メッセージは必ず来るのです。

「泳ぎに行く」というような、具体的なメッセージもあれば、マラカスとタンバリンで音を奏でている幼女のイメージが現れることもあれば、「わたしたちは、一つ」というメッセージが届くこともあります。この場合、「わたしたちは皆、本当は一つなのよね」という形而上学的知識ではなく、"骨身に届く"気づきなのです。

祈りほど、豊かな精神活動はないように思われます。

この祈りの場には、毎回新しい人が訪れます。

非日本人が多く、ニューヨークに旅行中なので寄った、という人も少なからずいます。 人それぞれ、そのときどき、多様な経験をするので、その都度それぞれの経験を分かち合うのですが、深い静寂、穏やかさ、優しさ

に包まれる感覚、心が完全にオープンになった感じ、身体が消滅したような自由さ、などを皆が受け取ります。

このヒーリング・サークルでは、わたしたちは、リラクゼーションから始まって、瞑想し、声を出し、自然に湧き出る自分の歌を歌い、目を閉じたまま自由に動き、そしていよいよ音楽や詩の朗読に合わせてスーフィーのダンス、旋舞をし……と、自意識をできるだけ遠ざけられるようワークしていきます。だから五感も六感も開かれて、祈りの中で確かなビジョンに包まれるのです。

初めての方が、こんなふうに尋ねることがあります。
AMARA って何？
女神の名前か何か？

それはもちろん、自分が女神と感じるならば、女神なのです。これが愛なのかなと感じるなら愛だし、命、強さ、平和、永遠、優しさ、神聖さ……感じたままがAMARA です。

そして AMARA は、あまらちゃんというニューヨーク

で生まれ、ニューヨークで学校に通う女児でもあります。

　あまらちゃんが、あまらちゃんでありながら、同時に AMARA という存在にもなったのはどんな経緯、またいつ頃のことでしょうか。

　始まりは、5年前。あまらちゃんが、その年齢では症例のほとんどない病気の診断を受けたのは、彼女が2歳の時でした。ニューヨークの最高の医療チームが結集しても、根治の見込みは見いだせない、という状況でした。

　胸つぶれる思い、というものは、誰の人生にも起こるものかもしれません。数ある打撃の中でも「これほど激しいものはないに違いない」と感じる経験も、稀ではないでしょう。

　でも、大打撃ほど、後になって、「あれは惨事ではなくギフトだった」と振り返ることができるもの。実は、ミラクルを人生に招く招待状だったと気づくことができるものです。

ミラクルとは、心が「何をどう見るかを選び直す」ことから訪れます。

「なぜ、よりによってこの子が。この罪のない子が」と、神に吠えたてることもできます。謂れのない攻撃を受けているという見方を選んでもよいわけです。

または、「この打撃を、ミラクルのチャンスにしてください。ここに光を見いださせてください。そうしたいのです」と、大いなる存在に頭を垂れることもできます。

後者は、自分たちを被害者にすることを拒む姿勢です。貧乏くじを引かされてしまった、とか、宇宙、神、運命の悪意の標的にされた、とか、あるいはまた、何かの、誰かのせいで自分が犠牲になった、という考え方を自分に許さない決意です。

誰かを責めることを拒み、宇宙に背を向けて閉じこもることを拒み、「それでも人生を愛していきます」と立ち上がって宣言する選択です。

自分を被害者にしないという選択は、「こんな目に遭ったけど、ひねくれるのはよそう」と思うことではありません。今までと同じ自分でい続けるということではあ

りません。 むしろ、違う自分になることです。

　あまらちゃんの両親は、後者を選びました。 すると、周囲もまた、連鎖反応で、次々と自分を変えていきました。

　とはいえ、自分を変えるとは、大それたことではありません。

　それまでは「そんなことできない」「無理だ」と決め込んでいたことをやる、という、ごく単純なこと。

　限界（と思っていたこと）を超えることをやっていく。人に「助けて」となかなか言えなかった自分が言えるようになる。「時間がない」と思っていたけど、あまらちゃん一家の手伝いに週２日出かける。「治療法はない」と言われたけど、あきらめずに探し続ける。「体力が尽きた」と感じても、それでもへこたれない。

　シンプルなことなのです。 そして、そのシンプルなことは、壮絶でもあるのです。

　それでも、心が決まっていると、その壮絶さを乗り越えていけるものなのだということを、あまらちゃんの両親に、そして大勢の友人たちに見せてもらいました。

一人が決意する、一人が腹をくくる、ということがあると、その波紋は、本当に滑らかに広がっていくものなのでした。

　本当に大勢の人たちが、次々と手を挙げて、「被害者になることを拒む」宣言をするようになりました。

　実際には、そのように声に出すわけではありませんが、ただ、皆が、あまらちゃんを"病気の身体"として見ない、被害者として見ない、同時に、自分自身についても、何があったからと被害者にはしない、という決意を心の中心に据えて生きるということを、意識的に、あるいは意識下で始めたのです。

　わたしたちは、週に一度、世界中で、同じ時刻に、「あまらちゃんの強さを見せてください」「そしてあまらちゃんに繋がらせてください」と祈る、祈りの輪をスタートさせました。参加者はたちまち増えて、名乗りを上げている日本人だけでも百五十人を超える勢いがありました。

　毎週、祈りの輪のファシリテーターが、祈りのご案内を皆さんに差し上げています。

　たとえばこんな具合です。

そっと目を閉じて、あまらちゃんのスピリットにご挨拶をして繋がります。

わたしたちは一つに結ばれているので、限りない力と平和が全員に分かち合われていることを確信できますよう祈ります。

そして、祈りの心に乗って、世界が祝福で包まれる光景をご一緒に目撃できますよう。

静かに目を閉じて、あまらちゃんのスピリットにご挨拶をします。

ご挨拶を送ると、あまらちゃんが必ずご挨拶を返してくれます。

スピリットの対等な繋がりにとどまって、お互いの内なる光を見られるように助けてくださいと祈ります。

そして、光が祈りの心に乗って世界に広がっていくのを見ることができるよう祈ります。

初めに、あまらちゃんのスピリットにご挨拶をして、心の手を優しく取っていただきます。

183

そして、あまらちゃんの心の光を見せてくださいと
お願いすると、わたしたちの心に贈り物が届けられ
ます。
その贈り物を感謝と共に感じて、喜びと共に受け取
り、祝福と共に分かち合っていただけますよう。

初めに、あまらちゃんのスピリットにご挨拶をして
繋がらせていただきます。
そして、スピリットの優しさといたわりの中で、し
ばらくの間、ゆっくりと心を休ませます。
そして、あらゆる個人的思いを通り越し、愛に満ち
た優しさと心の静けさに戻れるよう祈ります。
ご一緒に、感謝と祝福の贈り物を受け取れますよ
う。

　この祈りの輪に加わってくださる方たちのほとんど
が、あまらちゃんを直接には知りません。あまらちゃん
は、多くの人にとって、初めから抽象的存在であり、毎
週その光に繋がることによって、決意を思い出し、そこ
でやすらぎ、力を得、ビジョンを見て、心を磨いている

184

のです。

　毎週10分の祈りに加わって見て、心の繋がりを察知
し、安心感が生まれ、人を怖がらなくてもいいのだ、上
司を敵視しなくていいのだと感じてから、職場の環境が
変わり、働きやすくなった、という経験を話してくれた
人もいます。回を重ねるうちに、長い間の心の傷が薄く
なり、ほとんど消えて驚いている、と言った人もいまし
た。一緒に祈り、それぞれの人生の場で、祈りの感覚が
生かされていくのです。

　わたし自身にとっては、あまらちゃんは、具体的存在
でした。彼女の両親を、あまらちゃんのお誕生よりずっ
と前からよく知っていたし、お母さんのお腹にいる時か
らあまらちゃんのエネルギーを感じ取っていたし、両親
と一緒に医者の面談にも加わりました。具体的である
ということは、その人が自分にとって特別な存在、特別
な、唯一無二の役割を果たしている存在ということにな
ります。なので、その人に"何かが起こる"と、あっけ
なく心が折れてしまうのです。

わたしの祈りは、「すがりつくような祈り」から始まりました。祈らずには、心が保てないように感じたのです。

　祈りの中で、彼女を光として見ること自体は、難しいことではありません。

　どうしても見たいものを見ようとしているのですし、心の中のあまらちゃんは、わたしの想念としてのあまらちゃんなので、何にも邪魔されません。見たいように見られます。

　たとえ肉眼では彼女をそう見られなくても、想念では自由自在です。その小さな身体の発作や、集中治療室での記憶のイメージが戻ってくることがあっても、過去の記憶の代わりに、今、自分が見たいものを見よう、と思うことはできるのです。

　肉眼で違いを知覚できないのであれば、想念がどうであっても意味がないじゃないか、という考え方があるかもしれませんが、祈らずにいられない時、それに意味があるかどうかなどという思いは、それこそ無意味です。知覚することが正視に耐えられない時、目を閉じて祈るのですから。

そして、変化はまさに、その点から始まります。大事な人たちに痛みや病を見ることが、どれほど嫌かということが、自分の中で際立ってくるのです。

　悲しみを見たくない。あきらめや弱さを見たくない。争いや非難を見たくない。戦争や差別を見たくない。「見たくはないけどしょうがない」ではなく、「本当に見たくないのだ」と自分の思いに気づいてくるのです。

　祈りを通して、自分が、日頃いかにぼんやりしているかに気づくとも言えます。何を見たくて何を見たくないのか、何を歓迎し何を拒絶したいのか、という基本的なこともよくわかっていない心のまま過ごしていることの何と多いことだったか、と。

　同時に、想念としてのあまらちゃんに光を見ることが、実に楽しく心地よくなります。明らかに、見ているもの、見ようとしているものは「わたしが本当に見たいものだ」という確信が、そんな感覚を支えてくれるからです。

　自分が見るものについて、そのように確信が持てると、やっと、安心して五感が開くようです。そして同時に第六感も。心に浮かぶあまらちゃん、彼女が向ける輝

く笑顔、その笑顔を覆い隠してしまうほどの豊かな光、それがわたしに投げかけられてきて、光を見ているわたし自身が光に包まれて、というより光そのもののように感じられるのです。

　自分自身が光になるといっても、まさかわたしという個体が、ピカピカ、ギラギラ光り輝くわけではありません。光のあまらちゃんを見ているというわたしの心の中に何かが現れ、それが彼女の光を共有している感覚なのです。

　そのうち、大勢での祈り合わせが始まると、祈りの時間に見るビジョンや感覚が、ますます鮮やかに、はっきりしたものになっていきました。

　ビジョンの光は、世界中の大勢の人たちの心に届いているのだ、皆が一つの光に溶け込んでいるのだという、文字にしてもピンとこないことが、祈りの中で、実感できるのです。

　祈りのビジョンのほうが、肉眼で見る"特別な"あまらちゃんより具体性を持ち始め、つまり、わたしにとっての現実になり始めた頃、決意の波紋はさらに大きく広

がりました。

　CRS に、ミラクルがまた一つ、起こりました。

　あまらちゃんのお母さんが、祈りの輪に応え、自分も
その輪に加わり、感謝の祈りを捧げたい、と提案してく
れたのです。

　彼女は、日本人のみならず、各国のダンサーの尊敬を
集めるベリーダンサーでした。彼女の舞は、この上なく
優美で、しかもわたしたちが気を散らせて見失っている
大いなる源の "気" を一瞬のうちにステージに集める、
底知れぬ磁力がありました。

　その彼女が、あまらちゃんの発症でダンスから遠ざ
かっている間、残念がったのは彼女のダンスのファンの
わたしたちで、彼女自身には、それを惜しむ余裕すらな
かったと思います。

　ダンスより何より、彼女は、
「見ず知らずの女児のために祈ってくれる人たちがいる
とは本当にすごいことだ」
　と感じていたと言います。
「それも、一度や二度でなく、毎週 10 分の祈りをすると
は、信じられないようなことだ」と。

189

その"信じられないような"ものにあまらちゃんも自分も生かされている、守られていると感じ、それに応えたいという思いが満ちてきた時。

たまたま、スーフィーの音楽を久しぶりに聴く機会があり。

そのために久しぶりにコンピューターを開ける機会があり。

その時、たまたま、そして久しぶりにスーフィーの旋舞の写真を目にすることになり。

さらに、ちょうど30分後に近所で、イランからニューヨークを訪れているスーフィーのティーチャーがワークショップをやっていると知ることになり。

というように導かれ、彼女にダンスが、けれどかつてのダンスではなく、祈りそのものであるスーフィーの旋舞が訪れたのでした。

スーフィズムは"愛の宗教"と呼ばれます。『奇跡のコース』と内容が一致しています。スーフィーズムの詩人ルーミーの作品には、うっとりする愛の詩がたくさんあります。

スーフィーの旋舞はまた、"死"の舞でもあります。

地上の個体としての自分を後にして、旅立つ舞です。

　彼女の思いが皆の思いと重なり、イラン人の旋舞の師匠にもその思いが伝わって、わたしたちの祈りの輪で、スーフィーの旋舞が始まりました。 すると、次々と、あちこちから、人が集まるようになり、コミュニティがどんどん大きくなっていき、今もそれは広がり続けています。

　わたし自身も、ずっと前からスーフィズムには馴染みがあり、ルーミーの詩が好きでした。 旋舞の舞台も観てきていますが、旋舞は男性だけに許されている舞だと思っていたのです。

　そしてCRSは、スピリチュアリティと詩、音楽、ダンス、すべてを包括した時間を大勢の人たちと分かち合うことを心から求めていました。 それが実現して初めて、求めていたことを知ったわけです。

　そのように、まさに自然発生したもの、同時に「こうなるようにできていた」と受け取るしかないものが、誕生し、育ってきているのです。

　今、共に舞い、共に祈る人たちの中で、あまらちゃんを知らない人がますます増えています。 でもAMARA

の祈りは、皆の中で、ますます貴重な経験として受け止められるように深まっています。あまらちゃんがAMARA になったのは、非日本人が大勢いるからでもあり、また、祈りの中でわたしたちが見つめる存在が、具体的なあまらちゃんではなく、AMARA とわたしたちが名づけることになった、光そのものであり、わたしたちに光を投げかけてくれるものであり、つまり、わたしたちに力を差し出し、勇気づけ、信頼させ、自己の光を実感させてくれる、女神のような存在、人という具象を超越した存在だからなのです。

　祈り始めて４年、わたしたちは、今、肉眼でも、病気のあまらちゃんを見なくなりました。祈りのおかげで元気になった？いいえわたしたちはそのようには考えません。病気の身体とあまらちゃんを結びつけて見ることをやめたので、そう見えなくなったのです。そして、もしまた病気を見てしまうことがあっても、もうすでに自分たちの意志ははっきりしているのですから、また、見直すことをすればよいのです。

　わたしたちは、心配事や打撃、恐れや罪悪感の材料に

なるものをいくらでも拾ってくる癖があって、さまざまな病や死、問題が次々と襲いかかってくるように見えてしまいます。でも、わたしたちは、誰のことも、心の中のAMARAに包んでもらい、共に救ってもらっています。

　祈りは、このようにして広がっています。

　わたしは、この祈りと共に、その途轍もない力への驚きと共に、学んでいます。

　これからもずっとそう。

　この祈りがあれば、自分を守らなくてもよい、守る必要なんてどこにもない、ということを覚えていられるからです。

　祈りは、愛の行為そのものだと感じています。怯えるのをやめるので、五感が開かれます。第六感も目覚めます。相手に包まれ、同時に相手を包み、お互いに触れ合う官能が祈りです。自分を押し開き、ついには自分が相手に溶けてししまい、"二人の存在が消滅し一つの何かになる"ミラクルが、祈りです。

　つまり、ミラクルは、愛なのです。

あなたが、光の粒子に見える。くるくる回っている。

その光の顔で、わたしの顔を照らしている。

その光の風が、わたしという木を震わせている。

あなたの名前が、わたしの口の中で甘く溶ける。

わたしはもう、踊りをやめていいのね。内気な、臆病なわたしでなくていいのね。

実を全部、落としてしまって。根こそぎ掘り起こして。

こうされることをずっと待っていたのだから。

（拙訳：ルーミーの愛の詩から）

Afterword
おわりに

　20年以上前に、ヒーリング・セッションを始めた時、わたしは、「キャンドル・セラピー」という店の小部屋を借りていました。大勢の方が次々来てくださるようになったので、店のオーナーが、別の部屋を貸してくれることになりました。

　オーナーというのが、その店では、witch（魔女）という肩書きで、キャンドルやお香を使ったセラピーセッションをし、一方では、精神科医としてオフィスを構えている人でした。

　そのオフィスは、五番街にあって、外観は白煉瓦の立派なビルディングです。かつて修道院だったところに建てたビルだそうで、ロビーの天井に修道院時代の繊細な彫物などが残されている他は、ごく普通に見えます。

　マンハッタンには、外観が普通なのに中に入ると別世

界、という場所が数え切れないほどありますが、この五番街の大きなビルは、中を知ると別の意味で驚かされるのです。

というのは、各フロアのほぼすべてが、精神科医、心理セラピスト（さまざまな療法に分かれる）が入ったドクターズ・オフィスなのです。わたしがニューヨークに移り住んだ頃、知り合った友人たちのほとんどが、「自分の心の主治医」を持っていました。精神科医やセラピストが、いくらいても足りないくらいだったようです。

そのドクターズ・オフィスを共有してくれることになり、CRSをオープンするまでしばらくの間、週に半分ほどそこに通ってセッションをしていました。

部屋を貸してくれた、二つの顔を持つ彼女は、実はもう一つの顔もありました。ご主人が、テレビの人気バラエティ番組のレギュラー・ミュージシャンの一人で、彼女もまたスクリーンには現れない音楽活動に従事していたのです。

超多忙なその人は当時50代に差しかかった頃だったと思います。年の暮れに、こう言うのです。

「さあて。来年は何をしようかなあ」

「Yasuko、あなたは何を始める？」

　自分が取り組んでいる学びをもっと深めるとか、より
よく仕事をするとか、身体を鍛えるとか、そういう“役
に立ちそうなもの”ではダメで、自分の人生に何の関係
もなさそうなもの、それに取り組んでも、決して将来の
職業になどなり得ないもの、つまり得にならないもの、
お金は出ていく一方で入る当てはないもの、友達が「わ
あ、わたしも一緒にやりたいわあ。やるやる！」などと
安易に言えないもの、言わないものを、何かしら、誰も
がいつもやっているべき、というのが彼女の持論なので
した。

　彼女は翌年、映画製作の大学のコースを取り始めまし
た。しかも、映画科の最高峰の一つ、ニューヨーク大学
で、です。夜中にオフィスを勉強部屋として使って、机
に突っ伏している姿を何度も目撃しました。

「何のためにそんな思いをしているのですか？」

　誰かがもし、そのように聞いたら、彼女はこう答えた
でしょう。

「何のために、ですって？何かのためになるものだった

らやってなかったわよ。やるべきことはもう十分持っているのでね。何のためにもならないからこそやっているのよ」

　ニューヨークにはそんな人が大勢います。その人たちを"変わった人"と見ていたのが、変わっているとは思わなくなると、自分もまたいつの間にかニューヨーカーになっていた、ということなのかもしれません。

　ありのままの自分を知るには、「自分の益になるもの」を追い求めるのをやめなくてはならないというのは本当だと思います。

　求め奔走している間、見つめているのは「こうありたい自分」であって、ありのままの自分ではないからです。

　益になりそうにない、なるはずがない、とみなすものにエネルギーを注ぐのは愉しいですし、損得と遠く離れたところで生まれる好奇心こそ、命を歓ばせてくれると思います。

　彼女が映画の勉強を始めた年、わたしはタップダンスを再開し、サーフィンを始めるはずでした。残念ながら、

というか、情けないことに実現しませんでしたが、その代わりに、思ってもみなかった波が押し寄せて、気がついたら別の大陸に運ばれていたような、その大陸での日々がすでに始まっていたような、そんな年月が訪れていました。

　その大陸でのさまざまが、本書に取り上げたストーリーの中心になっています。マンハッタン島という小さい島、でもそこに繰り広げられるミラクル・ストーリーのスケールは大陸のものです。

ストーリーのいくつかは、国際美容連盟の会報誌
『Linque.』に掲載されたものを大幅に加筆訂正したもの
です。その他は書き下ろしです。

　フォレスト出版の太田宏さん、杉浦彩乃さん、どうも
ありがとうございました。

　本書を手に取ってくださった皆さん、ありがとうござ
いました。本書は、ガイドブックと違って、じっくり味
わうニューヨークです。ゆっくり読んでくださると嬉
しいです。

　ニューヨークのミラクルの風を少しでも感じていただ
けたら幸いです。

　　　2019年初夏　　　　　　　　　　　　香咲弥須子

[訳者プロフィール]

香咲弥須子（Yasuko Kasaki）

作家、翻訳家、スピリチュアル・カウンセラー、ヒーラー。Association for spirituality & psychotherapy 会員、国際ペンクラブ会員、国際美容連盟理事。

東京都出身。小説家、翻訳家、写真家として活躍した後、1988年よりニューヨークに移住。1995年に『奇跡のコース（A Course in Miracles）』に出会い、2004年ヒーリング・コミュニティセンター CRS（Center for Remembering&Sharing）を設立。『奇跡のコース』を教え、広めるとともに、セミナーや講演会等を世界各国で行っている。著書、翻訳書多数。近著に『ホーリースピリットからの贈り物』(サンマーク出版)、訳書に『願いはすべてホーリースピリットが叶えてくれる』(マリア・フェリーペ著、フォレスト出版) がある。

〈CRS ホームページ〉http://crsny.org

協力／ IBF 国際美容連盟　会報誌『Linque.』

ブックデザイン／ BLUE DESIGN COMPANY
DTP ／山口良二
本文写真／著者提供

マンハッタン・ミラクル！
人生に奇跡を起こすニューヨークの秘密

2019 年 7 月 20 日　初版発行

著　者　香咲弥須子
発行者　太田　宏
発行所　フォレスト出版株式会社
　　　　〒 162-0824　東京都新宿区揚場町 2-18　白宝ビル 5F
　　　　電話　03-5229-5750（営業）
　　　　　　　03-5229-5757（編集）
　　　　URL　http://www.forestpub.co.jp
印刷・製本　日経印刷株式会社

©Yasuko Kasaki 2019
ISBN978-4-86680-045-5　Printed in Japan
乱丁・落丁本はお取り替えいたします。

200万部超の
ベストセラーのエッセンスを
凝縮した奇跡のレッスン!

『願いはすべてホーリースピリットが叶えてくれる』

マリア・フェリーペ 著

香咲弥須子　伊藤由紀子 訳

定価 本体1400円 +税

読者無料プレゼントつき!
著者のマリア・フェリーペ氏と訳者の香咲弥須子氏によるスペシャル対談動画です!

※ 特典は、ウェブサイト上で公開するものであり、冊子や DVD・CD などをお送りするものではありません
※ 特典のご提供は、予告なく終了となる場合がございます

世界で何百万もの人々が学ぶ
20世紀最大のスピリチュアルの名著が、
最もわかりやすい！

『今まででいちばんやさしい「奇跡のコース」』
『続 今まででいちばんやさしい「奇跡のコース」』

アラン・コーエン 著
積田美也子 訳
各定価 本体1700円 +税

日常的な具体例が豊富に挿入され、すごく整理されていて、ACIMがとてもシンプルな学びだったこと、難しくしていたのは、私自身だったんだと、思い出させてくれます。長年 ACIM に取り組んでいて、ちょっとぐちゃぐちゃになってしまっている人も原点に帰ることができると思います。　　　　　　（経営者 50代 女性）

チョプラ博士の代表作が日本人初の
直弟子による解説つきでリニューアル！
また、博士が指導する瞑想法を
日本のビジネスマン向けに紹介したヒット作も！

『宇宙のパワーと自由に
アクセスする方法』※

ディーパック・チョプラ 著
渡邊愛子 訳・解説
定価 本体1600円 +税

『宇宙のパワーと自由にアクセス
する方法【実践編】』※

ディーパック・チョプラ 著
渡邊愛子 訳・解説
定価 本体1400円 +税

『世界のエリートはなぜ瞑想をするのか』

渡邊愛子 著
定価 本体1300円 +税

※印の書籍は『あなたが「宇宙のパワー」を手に入れる瞬間』（大和出版、2007年）を改題、大幅に再編集したうえ、新しく解説をつけ、加筆修正をしたものです

ハリウッドセレブや政財界のリーダーが信頼を寄せる
ディーパック・チョプラ博士の名著が
「意識」シリーズとして待望の邦訳!

『あなたの年齢は「意識」で決まる』
ディーパック・チョプラ 著
渡邊愛子 水谷美紀子 訳
定価 本体1700円 +税

『あなたの運命は「意識」で変わる』
ディーパック・チョプラ 著
渡邊愛子 水谷美紀子 訳
定価 本体1700円 +税

『あなたは「意識」で癒される』
ディーパック・チョプラ 著
渡邊愛子 水谷美紀子 訳
定価 本体1800円 +税

※本書は『クォンタム・ヒーリング』(1990年、春秋社)の増補版に当たります

あなたの中の宇宙が開花すれば、
思い通りの人生を創造できる！
科学を超えた最先端宇宙論！

『宇宙はすべてあなたに味方する』

ディーパック・チョプラ　メナス・C・カファトス 著
渡邊愛子　水谷美紀子　安部恵子　川口富美子 訳
定価 本体2300円 +税

購入者限定無料プレゼントつき！
「チョプラ博士が本書を語る秘蔵動画」に、訳者の渡邊愛子氏監修のもと、特別に日本語字幕をつけた、40分超の動画です！

※ 特典は、ウェブサイト上で公開するものであり、冊子や DVD・CD などをお送りするものではありません
※ 特典のご提供は、予告なく終了となる場合がございます

世界中のセレブが師事する
総合医療の第一人者が、
7日間の若返りメニューを大公開！

『宇宙のパワーであなたの心と体はよみがえる』

ディーパック・チョプラ 著
渡邊愛子　水谷美紀子 訳
定価 本体1800円 +税

購入者限定無料プレゼントつき！
「チョプラ博士が本書を語る秘蔵音声」＆日本人初のチョプラ氏直弟子である渡邊愛子氏による「1週間の行動プラン」リマインダー＆アドバイス！

※ 特典は、ウェブサイト上で公開するものであり、冊子やDVD・CDなどをお送りするものではありません
※ 特典のご提供は、予告なく終了となる場合がございます

FREE!

『マンハッタン・ミラクル！
人生に奇跡を起こすニューヨークの秘密』
読者無料プレゼント

著者・香咲弥須子氏による
「自分を思いきり生きる」レッスン

音声ファイル

「自分の本当にやりたいことがわからない」「天職はなんなのだろうか」……。これらは多くの人から寄せられる悩みです。ニューヨークに暮らして30年、著者の香咲氏は、本書でも多数紹介されているように、自分らしい花を咲かせて、人生を謳歌するニューヨーカーたちを数多く目撃してきました。

今回、『奇跡のコース』の講師でもある香咲氏が、あなたがあなた自身を思いきり生きるためのレッスンを公開します！

この無料プレゼントを入手するには
コチラへアクセスしてください

http://frstp.jp/ny

※特典は、ウェブサイト上で公開するものであり、冊子やCD・DVDなどをお送りするものではありません。

※上記無料プレゼントのご提供は予告なく終了となる場合がございます。あらかじめご了承ください。